マルシェ、朝市、伝統市、産直市、直売所に出かけよう!

しずおか とっておきの マルシェ&市めぐり

年に1日だけ、月に1度だけしか開かれない
マルシェや市に、足を運ぶ。
そして作り手と使い手が出会い、言葉を交わし、
思いを込めて作られたものを譲り受ける。
ネットでいつでも、なんでも手に入る時代に
なんだかとても素敵なことだと思いませんか。
本書では、静岡県内で開かれているマルシェや朝市、
伝統市に加えて、自慢の味が勢揃いする産直市や
直売所の情報も収録しました。
この本を通じて、素敵な人、モノとの
出会いがあることを願って……。

マルシェ、朝市、伝統市、産直市、直売所に出かけよう!

しずおか とっておきの マルシェ&市めぐり

contents

お気に入りを探しに「マルシェ」へ行こう!

温故知新 神社仏閣の伝統市

早起きは三文よりもっとお得!? 朝市

●情報は2016年12月時点のものです。開催日時、場所、時間、定休日、価格等は変わる場合があります。
●GWやお盆、年末年始の休みは基本的に省略しています。
●各マルシェ・市への出店者は取材時のもので、毎回同じ店が出店するとは限りません。詳細は各主催者HPなどでご確認ください。
●金額は基本的に税込表記ですが、一部例外もあります。

これを目当てに出かけたい!
港・直売所・道の駅ごはん

産直市場・直売所
野菜・魚介・肉その他

お気に入りを探しに

「マルシェ」へ行こう！

**待ちに待ったマルシェの日。
見慣れたはずのいつもの町が、
普段とはちょっと違う活気と賑わいを見せ、
それだけで胸がわくわくしてくる。
まずはあちこちのぞいてみて、
お気に入りの一品を探そう。**

実行委員のみなさん

一期一会の出会いが楽しい

海辺のあたみマルシェ《うみべのあたみマルシェ》

熱海の中心市街地、銀座通りが歩行者天国になり、いつにも増して賑わうクラフト&ファーマーズマーケット。2013年に「熱海の毎日をもっと豊かで楽しいものに」をコンセプトにスタートし、2016年夏の開催で18回目。伊豆を拠点に活動する作家の器や雑貨、アクセサリーの店から、カフェ、かまぼこ店、近隣の農家、園芸店、お茶屋、ワインショップまで50軒近いブースが出店する。

今や地元の人はもちろん、これを目当てにやってくる観光客も多く、作家や生産者と客が気軽に話せるのもマルシェならではのお楽しみ。あちこち店をのぞいて、限定グルメを食べて、気ままなそぞろ歩きを楽しもう。

DATA

場所 **熱海銀座通りと周辺**
開催日 **隔月の最終日曜**
※2017年3月以降は海辺の親水公園で毎月開催予定

- 時間／10:00~16:00
  ※変更の可能性あり
- 住所／熱海市銀座町
- 交通／JR熱海駅から徒歩20分　駐車場なし
- 問い合わせ／実行委員会
  marche@atamista.com
  ※場所、日時の最新情報はfacebookで

香りに誘われる人が続出！伊豆の海の幸が食べられる七輪焼き

ミュージックストリートパフォーマンスも楽しめる

Atami Ginza
静岡中央銀行
Herb mixed grilled Sausage
ハーブ入り
グリルソーセージ
Takeout ok!
お持ち帰りOK
400

出会いが楽しい個性あふれる店がずらり

四代目の
山室真一さん

畳が素材!?のブックカバー

熱海の隣町、湯河原から参加の「山室畳内装店」。畳表や畳のへりで作ったブックカバー、バッグ、小銭入れなど粋な逸品が揃う。

「ブックカバー」500円～
「カード入れ」350～400円

「多肉植物」は500円～

癒やしのグリーンも

ブースの主は函南町の「中村園芸店」。観葉植物から山野草、盆栽まで暮らしを彩る植物が並ぶ。育て方も教えてくれるので聞いてみよう。

乙女心をくすぐる布雑貨

南熱海在住の布小物作家「マロンヘッド」のブースに並ぶのはバッグなどの布雑貨。柄も色使いもキュート！

「バケツバッグ」
3600円

バッグの作者
齋藤千紗さん

生花のような耳飾り

ハンドメイドアクセサリー「Life is Beautiful」の店先を彩るのは生花と見間違えるほどの「アーティフィシャルフラワー」のイヤリングとピアス。

大人かわいいが勢揃い

個性的なアクセサリーが人気の田中栄美さんの店「FLY.」。細やかな手仕事で仕上げたピアスやイヤリングが並ぶ。

作家の手仕事品はどれも一点もの

土と布のやさしい風合い

熱海の工房「きじつち」の器と、手ぬぐいや暖簾などの布物が並ぶブース。植物染めのやさしい色合いの手ぬぐいも要チェック。

「コップ」2400円～

喉をうるおすフルーツティー

沼津にある「ぐり茶」の生産農場「五十鈴園」はトロピカルなジューススタンドを出店。果物やハーブなどを使ったオリジナルティーの中には、「ほうじミント」や「もも煎茶」など気になるフレーバーも！

マルシェ限定フードは絶対外せない！

冷たいおでん？

熱海で唯一のかまぼこ店「山田屋」考案のカップ入り夏おでんはアイデアも見た目も斬新！食べ歩きにもぴったりだ。料亭仕様の卵焼きは絶品と評判だ。

知っ得MEMO

イカやキンメを七輪で浜焼き！

腹ごしらえは「七輪スペース」へ。マルシェで購入した食材をその場で焼いて食べられるので、気分はBBQ！併設の宇田水産のブースにはこの日のために社長や専務が自ら熱海魚市場に足を運んで仕入れた新鮮な海産物がいろいろ。伊豆の海の幸を思う存分楽しもう（七輪使用料1人1時間300円）。※季節によって「七輪スペース」がない時もある。

即買い間違いなしの逸品も続々

「セットリュ・ド・ラ・プペ」
2700円

今夜は自然派ワインで…

真鶴にある「ワイン ラバーズ ファクトリー」のお薦めは農薬も除草剤も使わず造られたワイン。もちろん酸化防止剤も不使用で体にもやさしい。

「戸田塩だっ手羽」
1本130円

戸田塩だっ手羽？

添加物なしの伝統製法による戸田の手作り自然海塩で作った手羽先の唐揚げ。塩加減が絶妙で食べたらやみつきになること間違いなし！

雄大な富士山のふもとで1日のんびり

御殿場市

ごてんばアート・クラフトフェア

ごてんばアート・クラフトフェア

DATA

場 所 御殿場中央公園

開催日 年1回秋頃の土･日曜

●時間／10:00～16:00
※HPで確認

●住所／御殿場市萩原754-5

●交通／JR御殿場駅、御殿場アウトレットから無料シャトルバス※HPで確認　駐車場なし

●問い合わせ／実行委員会
☎0550-70-6660
http://g-kuranosuke.jp

白地に映える藍色と緑さび

手触りがなめらかでやさしい風合いの原村俊之さんの器に一目ぼれ。緑さびと藍色のワンポイントがいい感じ。

さりげなく使えたら
おしゃれ上級者

「手ぬぐい」
972円~

イベント
キャラクター
「くらのすけ」

個性的な手ぬぐい

森の緑に映える色鮮やかな布小物が並ぶ「sinilintu」。手ぬぐいは風呂敷感覚で使ってもおしゃれ。

「スプーン」
2300円

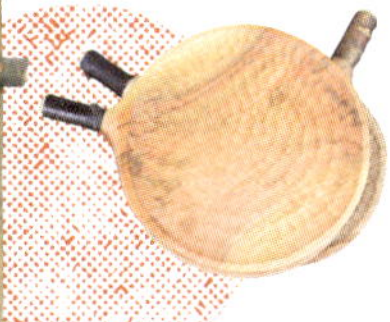

「まな板」4500円

アートなコーヒーメジャーとスプーン

木工作家の出店も多く、それぞれに個性が光る。「工房ぐるり」のこんなスプーン、トレー、まな板を使えば料理がもっと楽しくなりそう。

会場内はクラフト、フード、パフォーマンス、ワークショップなどのエリアに分かれ、県内を中心に各地から170を超えるブースが出店。緑あふれる自然の中に点在するクラフトブースには陶器や木工、テキスタイル、手作りの雑貨やアクセサリーなどが並ぶ。

パフォーマンス会場では、ライブやダンスパフォーマンスなど個性豊かなステージを開催。池を囲むフードエリアでお気に入りを買って、お日様の下でランチするのもピクニックみたいで楽しい。クッキーやマフィンなどお土産にしたら喜ばれそうな焼き菓子の出店も多いのでのぞいてみよう。

なにより富士山を間近に望むロケーションが最高だ。

ハーブが香る石けん

人にも地球にもやさしい植物由来の自然素材で作る石けん。沼津で活動予定の「Urara」から。

「石けん」（サクラ・ラベンダー・ピールほか）S250円

大人になると良さがわかる寄木細工

繊細な手仕事に見とれてしまう箱根寄木細工のアクセサリーやカップが並ぶ「SNOW FLAKE」。

「寄木わっかのペンダント」2160円

「ぐいのみ」10800円

おいしい！を探しにフードエリアへ

「VEGE MUFFIN」（バナナ・イチジク）300円

カフェでパリ気分

マンゴー玄米シェイク、宇治抹茶黒蜜きなこシェイク、バナナキャラメルフロートなどが揃う「CAFÉ MARCHE+DELI」のキッチンカー。

山梨から来たフルーツジャム

イチゴ、イチジク、バナナ、アンズ、白桃の無添加ジャムが人気の「手仕事工房どうし」。

おやつに焼き菓子を

自家焙煎コーヒーの店「Café jour&paperdripper」で見つけた爽やかな香りのレモンケーキ200円とチョコスコーン200円。

アツアツとろ～りピザ

ランチに食べたいしっかりメニューが並ぶ「Pizza&Beer Horaana」のブース。とろけたチーズがおいしそう。

ビール&ミート

御殿場の「渡辺ハム工房」自慢の生ハムや、ベーコン&ハムのグリルで乾杯！厚切り焼き豚たっぷりの丼もお薦め。

搾り立てジュースでリフレッシュ！

果汁100%のオレンジ&グレープフルーツジュース。太陽の下で飲めばなおさらおいしい。沼津から参加の「Café LDK」。

知っ得MEMO

「ワークショップの森」でアートに挑戦

アート系マルシェでよく見かけるワークショップ。事前予約なしで参加できるものばかりなのでチェックしてみよう。会場内の「ワークショップの森」ではスプーン作りや食品サンプル作りなど15を超えるメニューを用意。なかには大人の着せかえ人形作りなどユニークなものもある。

ニューフェイス！静岡手創り市の三島版

Village mishima rakujuen

ヴィレッジみしまらくじゅえん

静岡市で春と秋に開かれる「ARTS&CRAFT静岡手創り市」（P18〜23掲載）の新たな開催地として三島・楽寿園が仲間入りした。2016年の第1回目は木工、陶芸、ガラス、金工、染色などのクラフトから、パンやスイーツ、ハワイアンフードまで約100店が参加。

楽寿園には富士山の雪解け水が湧く小浜池や、緑の中を走る豆汽車、どうぶつ広場などもあるので、ファミリーで出かけても楽しめる。

クラフトめぐりの合い間には、明治時代に建てられた京風数寄屋造りの「梅御殿」の甘味処「茶屋夕顔」へ。楽寿園もヴィレッジも見て回れば一日たっぷり遊べる。

「茶屋夕顔」自慢の甘味に話も弾む

DATA

場所 楽寿園
開催日 年1回夏頃の土・日曜

- 時間／9:00〜16:00
- 住所／三島市一番町19-3
- 交通／JR三島駅から徒歩3分。東名沼津ICから15分　駐車場あり
- 料金／楽寿園入場料300円
- 問い合わせ／ARTS&CRAFT静岡手創り市　info@village-mishima.com

手のひらサイズのミニ盆栽

「榊麻美植物研究所」のワークショップに参加して自分で作るのも楽しい。

「コットン100%のハンカチ」1000円

風に揺れるふんわり素材

「kuuki」は「空気のような存在感」をテーマにWガーゼのハンカチなどオリジナルの布地を制作している。

「SIZE32」17280円～

天然素材の温もりが宿る時計

一枚板を切り抜いて作る文字盤がスマートでおしゃれな「Nakariwatch jp」。どれも世界にひとつだけの逸品だ。

遠藤マサヒロさんの「コーヒーミル」15120円

表情豊かな木のクラフト

木工品のブースには温もりあふれる暮らしの道具が。いいものを長く使いたい。

遠藤マサヒロさんの「カッティングボード」4050円～

きっと見つかる！お気に入り

日常にささやかな幸せを

茶杯やマグカップなど焼き物も多彩。お気に入りを探そう。写真は村上奨さんの作品。

「マフィン」300円～

飽きのこない素朴な味

ナッツたっぷりのキャラメルマフィン、バナナとカスタード入りのチョコマフィン…。どれも食べたくなる「skywalker bakery&cafe」のマフィン。

「Shiso」

梅農家の熟成梅干し

「松本農園」のブースにはよそではお目にかかれないフルーツ梅干しなど珍しい味もある。試食してお気に入りを探そう。

「Honey」

1日限定。お寺がマルシェに大変身

富士市

みんなでカフェ＋本光寺

みんなでカフェ＋ほんこうじ

「富士の街を盛り上げたい」との思いから、市内の人気カフェ、キャトルエピス富士店が中心となって2010年にスタート。誰もが気軽に足を運べるようにと選んだ会場は、富士川の鎮護道場として開創された妙瑞山・本光寺。由緒あるお寺と、クラフトマルシェという意外な組み合わせが、しっくりマッチしている。

グルメは市内外の人気店のカレーやスイーツ、コーヒーが楽しめ、本堂では写経や抹茶体験などこの日限定のワークショップを開催。さらに運が良ければくじ引きの景品が当たる。年に一度だけの開催なので、興味のある人はキャトルエピスのホームページを要チェック。

DATA

場 所 本光寺
開催日 年に1日、不定期
●時間／10:30～16:00
●住所／富士市瓜島町170
●交通／JR富士駅からバス「富士中央図書館」下車徒歩7分。JR富士駅から車で15分　駐車場あり
●問い合わせ／キャトルエピス富士店
☎0545-55-3388

くじ引き会場のキャトルエピス富士店には長蛇の列

県内外から20を超える魅力的な店が参加

キュートなこけしにくぎ付け!

カラフルなペインティングに毛糸の帽子。今までのイメージをガラッと変えるユニークな「coquebotti」のこけしから、元気がもらえそう。「こけしの落書き体験」もできる。

「ブローチ」
1512円~

「coquebotti」
(コケボッチ)
小2500円~

陶製ブローチに一目ぼれ

暮らしにひとつ取り入れるだけで心が華やぐ北欧雑貨やクラフト作家の作品が揃う「sinilintu」。

のんびりのほほん。行列だって楽しめちゃう

「チョコチップ
メロンパン」
200円

「オレンジ
メロンパン」
200円

無添加のメロンパン

有機栽培の野菜や果物を極力使う「merci」のパン。小ぶりなので食べ歩きにぴったり。

ヘビロテOKのキッズウェア

着やすさ、合わせやすさ、耐久性を兼ね備えた子供服ブランド「arkaKama」。売り上げの一部が難民の子どもたちに寄付される。

「チョコバナナ
カスタード」
300円

「Wベリー&
クリームチーズ」
300円

大人のマフィン

国産ブラウンシュガーや洗双糖など素材を厳選した「skywalker bakery&cafe」のマフィン。

富士市で活動を続ける
蝋飾人・鍋山純男さんの作品

自分だけのローソクを作ろう

自らを「蝋飾人」(ろーしょくにん)と呼ぶローソクアーティストのワークショップに子どもたちは夢中。

オリーブオイル専門店も

「CREA TABLE」のお薦めは「食べるオリーブオイル」。有機ビネガーなど、試食もできる。

静岡生まれの
ワサビとシラス入り
「食べるオリーブオイル」
1080円

東京・雑司ヶ谷で開かれている手創り市の主催者が静岡市出身という縁から静岡での開催が始まったアート&クラフトマルシェ。２００９年以来、護国神社の春と秋を彩る風物詩的なイベントになっている。

緑豊かな境内に集まるブースは木工、金工、陶磁器、ガラス、テキスタイルなどのクラフトからドーナツ、焼き菓子などのスイーツ、ランチにぴったりのカレーやパンなど約１４０店にも上る。

それぞれの作品を気軽に展示する場を作りたいと、作家が自らの作品を素敵に見せるディスプレイを工夫し、自ら買い手とコミュニケーションしながら販売する。

池の畔でランチやコーヒーを味わったり、お気に入りの一品を探して作家めぐりをしたり、この日限定のフードを買い求め行列に並ぶ人など

水辺と緑の回廊をクラフト散歩。限定グルメも充実

静岡市葵区

ARTS&CRAFT SHIZUOKA《アーツアンドクラフトシズオカ》
静岡手創り市《しずおかてづくりいち》

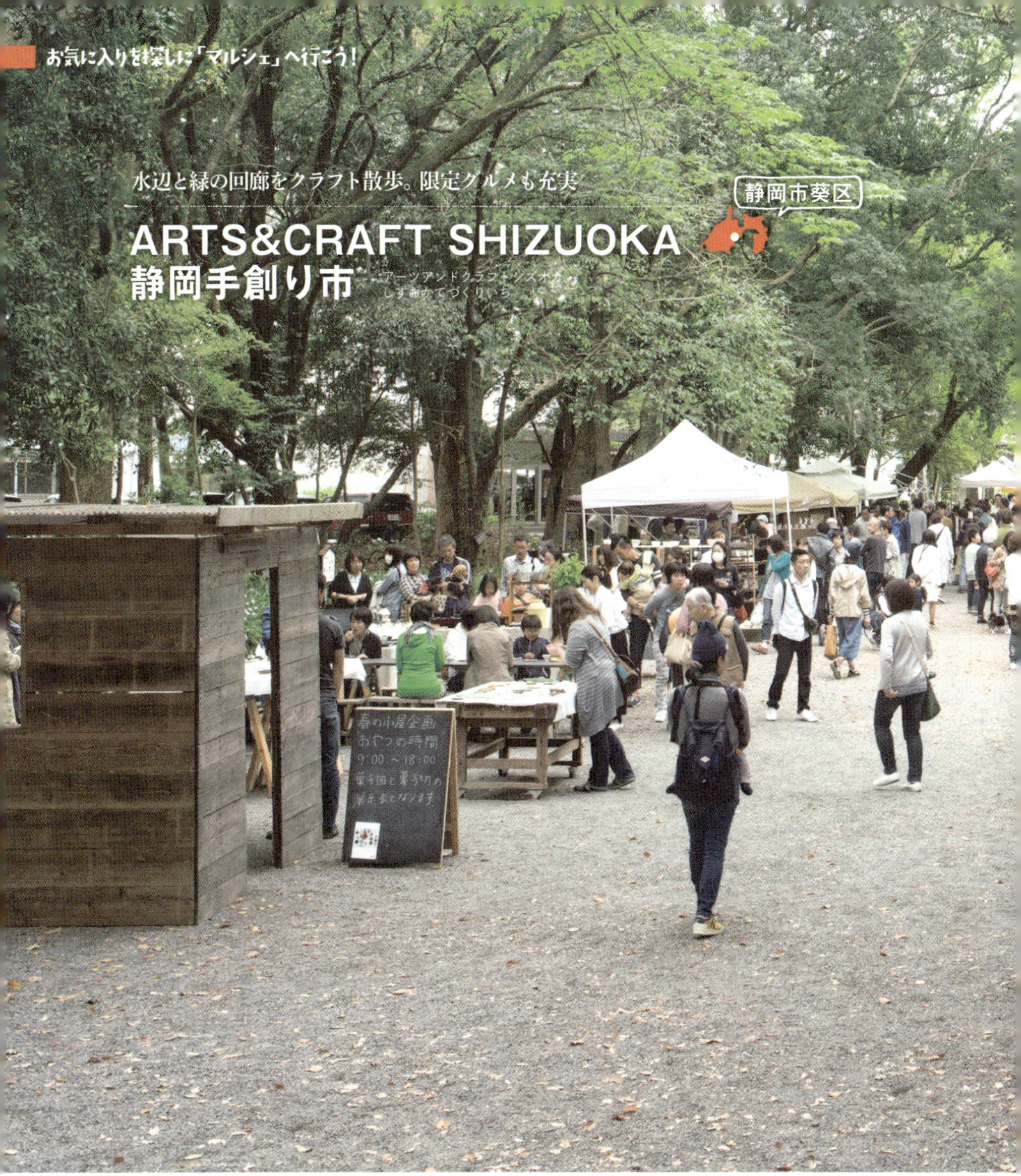

手創り市に来る人は、自由にそして思い思いにその空間と時間とアートを楽しむ。
　手創り市は東京・雑司ヶ谷と千駄木のほか、三島（P14・15掲載）でも開催されている。

DATA

場　所 静岡懸護国神社
開催日 4月と10月の第2土・日曜

●時間／9:00~16:00
●住所／静岡市葵区柚木366
●交通／静岡鉄道柚木駅から徒歩3分。JR東静岡駅から徒歩15分　駐車場なし
●問い合わせ／事務局 shizuoka@tezukuriichi.com

普段使いしたい
シンプルさが魅力

アクセサリー入れにしても
よさそう！3240円～

細やかな陶器&陶磁器のコラボ

温かな風合いが魅力の平厚志さんの陶器（写真左）。女性たちが足を止め、見入っていた陶磁器製のマッチ箱は、赤堀友美さんの作。2人は清水区で創作活動を続けている。

ディスプレイにもセンスが光るクラフトブース

暮らしの道具はシンプルが美しい

大阪の工房「yuta」が制作した真ちゅう製のカトラリーいろいろ。大人っぽいデザインでフォルムが美しい。

「アイススプーン」
1800円

手ぬぐいは
1500円くらい～

風に揺れるカラフル手ぬぐい

デザインと型彫りを「zucu」（神奈川）が手がけ、染めは熟練の職人が注染（ちゅうせん）で仕上げる。

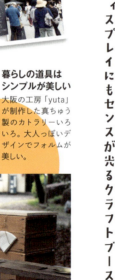

遠州織物の上質&シンプルなシャツ

明治時代に生まれ、今またその品質の高さが注目されている遠州織物。浜松の工房「HUIS.」の服はすべて遠州織物の生地で作られている。

緑に映える吹きガラス

熱海・伊豆山から参加したガラス作家・大東健太さん、花子さんの「studio iiro」。手作りのグラスは当然どれも一点もの。

皿は1200円
くらい〜

癒やしのアースカラー

益子焼作家・近藤康弘さんの器はシンプルで、どんな料理も受け入れる包容力がある。

手に馴染む木製カトラリー

岐阜に工房がある酒井桂一さんのブースに並ぶのは、クリやナラ、サクラなどで作るスプーンやフォーク、トレーなど。プレゼントにしても喜ばれそう。

木の皿は
使うほどに
風合いを増す

コーヒーとおやつと器が
コラボした
ワークショップも

「フォーガー」600円

行列必須のフォーガー

静岡市七間町の「Yatai:che」（屋台チェー）。鶏がらスープがおいしいライスヌードル「フォーガー」はさわやかなレモンとパクチーがアクセント。

おいしい笑顔に出会えるフードエリア

「ホットキンカンネード」450円

「シーフードドリア」、
「ふじ鶏のサラダ」各900円

ホットドリンクでひと休み

手作りのジャムやドーナツ、味噌ディップなどが好評の静岡市の人気店「Chipakoya」。その場で作るホットドリンク「キンカンネード」、「レモネード」もお薦め。

木陰のベンチでランチする!?

静岡市のレストラン「椿坂 久保田」はオムライス、カツバーガー、ドリア、ドーナツなどを販売。

焼き菓子でおやつタイム

卵や乳製品を使わない焼き菓子を販売する「ワタリドリ」。

メイプルが香る
「ワタリドリクッキー」

「ドーナツ」
各220円

オシャレなカフェ発見

滋賀産の古代小麦を使ったドーナツとマフィンが並ぶ、彦根から参加のカフェ「Yeti Fazenda COFFEE」。まずは自家焙煎コーヒーを一杯オーダーし、ドリップの間におやつを物色。

「キーマカリーの
チーズロースト」
500円 ▶

「スパイシー
サワーソースの
チキンカマージ」
600円 ▼

スパイシーな香りに誘われて…

静岡で行われるマルシェの常連でもある人気カレー店「スパイス6」。チャパティロールや、チキンカマージが出来上がる様子を見ていれば待ち時間も気にならない。

七間町通りがトリコロールに染まる

静岡市葵区

シズオカ×カンヌウィーク
街角のマルシェ

まちかどのマルシェ

DATA

場所 七間町名店街
開催日 5月の第2土・日曜
●時間／11:30～17:30
※映画上映は要問い合わせ
●住所／静岡市葵区七間町
●交通／JR静岡駅から徒歩10分　駐車場なし
●問い合わせ／実行委員会
☎054-272-0751

大人の暮らしに彩りを添える
アイテムいろいろ

レトロ家具など、
掘り出し物が見つかるかも

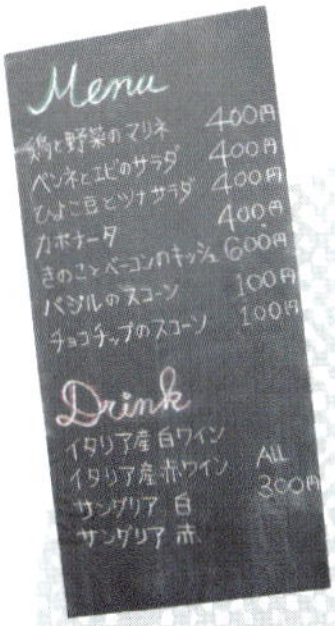

藤枝から出店の「レストランカクタスハウス」はトリッパやスペアリブの煮込みなどを提供

静岡市と姉妹都市のフランス・カンヌ市。その縁から2010年に始まった。開催は毎年5月のカンヌ映画祭に合わせた5月の週末、3週間。1週目は登呂遺跡で「田園のマルシェ」、2週目は七間町名店街で「街角のマルシェ」、3週目は清水マリンパークをメインに「海辺のマルシェ」と続く。

いずれの会場でも野外映画の上映があり、グルメ、アート、雑貨、ファッション、シネマが融合した大人のマルシェとして親しまれている。

「街角マルシェ」は七間町通りに60店が並び、地元の人気飲食店や雑貨店などがこの日限定の逸品を提供。いつもの石畳にオシャレなブースが集まる雰囲気も、ワイン片手に街を歩く人たちの様子も、まるでフランスのストリート。カンヌの風を感じる3週間を満喫したい。

「季節のしろくまジャム」

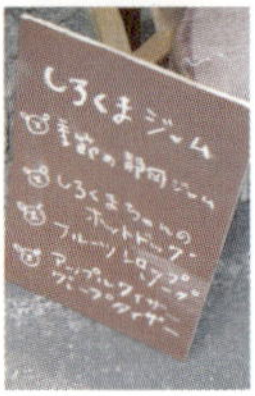

**ほっこりやさしい
ジャムはいかが?**

静岡の里山で採れたキウイやイチゴが可愛らしいジャムに。レモンにコショウを効かせたスパイシーな個性派も。

**冷凍いちごも販売
百姓いちごのかき氷**

安倍口新田「海野農園」のかき氷が大人気。「百姓のいちご」と名付けられた章姫を惜しげもなく使う。

「いちご」
400円

青空の下、食べて飲んでほろ酔い気分

「オムレツ」と
「フレンチトースト」
各600円

**クリームソース
たっぷりのオムレツ**

「OHESO」の本格派オムレツやパテ・ド・カンパーニュをテイクアウトで。生ビールやワインも揃う。

香ばしく焼けた迫力チキン

行列必至のいい香りの正体は「テキーラダイナー」の「自家製ハニースモークチキン」。スパイスやハーブが効いて美味。「ステーキサンドイッチ」もお薦め。

「バインミー・レバー
パテハム」600円

**フィンガーフードなら
「バインミー」**

ナンプラーが効いたニンジンサラダがアクセントの「バインミー」を、そぞろ歩きのお供に。アジアンカフェ「Su-ha」。

「ハニースモークチキン」
1本600円、2本1000円

「チーズ盛り合わせ」
500円

キノコの和ピクルス!?

鷹匠の「こうのもの」は静岡県産野菜や果物を、酢とカツオだしで食べやすく仕上げる和ピクルス専門店。手土産にしても喜ばれそう。

「キノコの和ピクルス」と
「カラフル人参の和ピクルス」
各400円

南仏ワインと惣菜で乾杯！

七間町の「ビストロ向日葵」のチーズやキッシュなどの南仏系おつまみ。有機BIOワインが進む。

ワインに鹿ソーセージ！

紺屋町のワイン専門店「La Vigneラヴィンニュ静岡」で「鹿肉ソーセージ」を発見。スモークの香りが効いて意外と食べやすい。マスタードはお好みで。

岩手のサバ缶

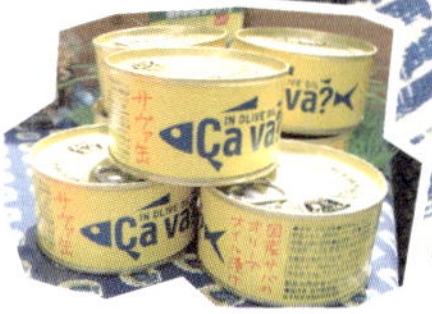

暮らしのスパイスになりそうな雑貨やインテリアも

三角形の
テトラポーチが
カワイイ!

ハンドメイドの作家もの雑貨

色使いがキュートな布製品や個性的な雑貨が並ぶアトリエショップ「la potto.teto」。

ランプは
1000円
くらい～

ゆらぐ灯りに心がほぐれる

大岩の「すんぷらんぷ」は大人の女性に人気。温もりがある灯油ランプの灯りを見つめていると、なぜか心が落ち着く。

厳かな境内でゆるりと楽しむ大人の市

焼津市

焼津神社deマルシェ《やいづじんじゃでマルシェ》

「大人が落ち着いて楽しめるイベントを焼津で開きたい」と、焼津中学校の卒業生が中心となって企画。創建から1600年を数え、毎年8月の荒祭りで市民に親しまれている焼津神社を会場に、2011年から年1～2回のペースで開催されている。

出店者は公募せず、オリジナリティあふれる魅力的なアイテムを扱う店を、実行委員会がセレクト。来場者の要望も聞き、毎回新しい店を入れて顔ぶれを変えているそうだ。会場は境内と屋内の「月氷殿」（げっぴょうでん）。手作りの看板や案内図が用意され、運営には学生ボランティアも参加。和やかな雰囲気が心地よく、リピーターも多いという。開催日の2カ月ほど前から1日1店ずつブログで出店者が紹介されるので、チェックしながら当日を心待ちにするのも楽しい。

DATA

場所 焼津神社
開催日 不定期（春・秋）

- 時間／9：30～14：30
- 住所／焼津市焼津2-7-2
- 交通／JR焼津駅から徒歩15分。東名焼津ICから10分 臨時駐車場あり
- 問い合わせ／実行委員会 ☎054-628-4239（ぬかや斎藤商店）

レトロでかわいい東欧雑貨

ドイツやチェコの雑貨を扱う「クラッフェンバウム」。アンティークやステーショナリーのほかチロリアンテープも。

笠間、益子、信楽などの窯元をめぐって探してきたもの

一目ぼれしたら普段使いにしよう

「器の一草」が各地で仕入れた作家ものの器は若手からベテランまでいろいろ。カップ1200円から。

どれにしようかな？

国産小麦100%の無添加パン

地元の人気店「はぴパン」。メロンパンなど7種類のパンは午前中に完売。

その数ざっと40軒。どこものぞきたい店ばかり

「BLTサンド」320円

マルシェ限定スイーツは必食!

クロワッサンが人気の「パティスリーモリヤ」からは限定のチーズケーキも。

焼津らしい魚河岸グッズも

魚の加工と魚河岸シャツの「ぬかや斎藤商店」。魚河岸生地のはぎれは早い者勝ち！

カプチーノはラテアート付き

自家焙煎珈琲の「カフェバールジハン」。その場で泡立てたミルクを注ぐカプチーノを目当てに長〜い行列が。

ぷりっぷりの歯ごたえ

結べるほど弾力がある「用宗のところてん」はリピーター率高し。「ところてん」1杯250円、「のむ寒天ジュレ」200円。

思わず手に取りたくなる「アトリエこだま」のあみぐるみ「miniこだまキーホルダー」

「手編み小物ケース」1728円

カラフルな手織りや手編み

グアテマラの職人の手仕事による素敵な作品が並ぶ「SABASABA」。鮮やかな色使いに元気をもらえそう。

カツ丼がワンコイン!

「つかもと食堂」のカツ丼は、昭和45年の創業当時から変わらぬ定番の味。インパクトある看板は実行委員のやまむらともよさんが手がけている。

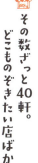

新緑の法多山が手仕事の温かさに包まれる

コトコト市《コトコトいち》

県西部を中心とした雑貨店や飲食店と、木工・革・陶器・ガラスなどのクラフト作家が一堂に集まる、「オトナがうれしい雑貨市」。ミシンを踏む時や、鍋で煮炊きする時の音「コトコト」からこの名前にしたという。

16回目となった2016年の出店者数は47店。店舗を構えていない作家との出会いや、コトコト市だけのオリジナルスイーツなどを心待ちにしていた約3000人の来場者が詰めかけた。参道に建つ歴史的建造物・持仏堂や、紫雲閣もこの日は一般開放した会場の一部となり、雑貨やスイーツのブースが出店。緑あふれる公園や広場に古道具や花やグリーンのブース、カフェがしっくり溶け込み、ゆったりした時間を過ごせる。法多山のお参りもお忘れなく。

DATA

場 所 法多山尊永寺
開催日 年1回4月下旬の日曜
●時間／9:00～15:00
●住所／袋井市豊沢2777
●交通／JR袋井駅からバス「法多山」下車すぐ。
東名掛川ICから15分　有料駐車場あり(1日100円～)
●問い合わせ／COЯEM(コレム)・アンジュール
☎0537-23-3891　shop@unjour-web.com

普段は静かな
持仏堂が、
この日は大賑わい

まずは仁王門の先にある「持仏堂」から

風合いのいい
しわ加工シャツ

藍色のシャツに一目ぼれ

大人の女性に似合うアイテム「遠州織物」をメインに制作する「linenu works」。大人の悩みに応えるアイテムの提案をしてくれる。

大人かわいい
ファッション

ハンドメイドウェア

着心地がよくシンプルな服を丁寧に手作りする「hari-to-ito」。発色が美しいストールも人気。

メンズ御用達!?

本物のミリタリーヴィンテージ、デッドストックのパーツや布を使った小物やバッグがずらりと並ぶ「Atelier Roji」。クールな見た目と品質に惹かれ男性客が集まる。

がまぐちタイプは
女性にも人気

「紫雲閣」にはアクセサリーや雑貨がいろいろ

「ボタンピアス」70円～

スコーン&ピアス

雑貨店店主とパティシエ姉妹のコラボ店「yukichica-nimes」。人気はスコーンと、オリジナルのボタンピアスなど。

色彩やかな手ぬぐい

まあるいヘアゴム

和モノはやっぱり美しい

手ぬぐいは遊び心あふれるデザイン。ざるなどの生活雑貨からヘアアクセまで、懐かしさが漂う「doma雑貨店」。

＼マスキングテープがずらり／

料理が楽しくなる器

コトコト市の主催者2人のブース。「アンジュール」は実店舗でも取り扱う手馴染みのいい器が中心。布物作家として活躍する「COЯEMコレム」はエプロンなどを販売。

フラワーを髪に飾ろう

手作りのぬくもりを感じて

ハンドメイド作品が詰まった焼津市の「M's cafe」。風に揺れるステンドグラスも素敵。

「ステンドグラスランプ」がキラリ

クールな革製品各種

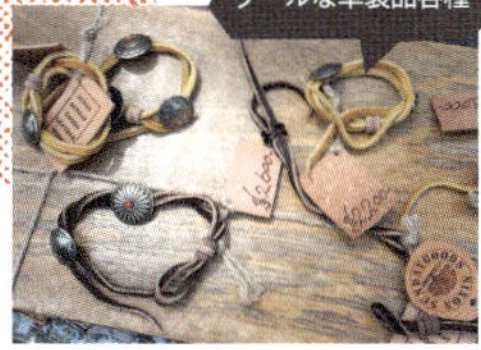

思いを引き継いで使いたい

ハンドメイドレザーのアクセサリーや古道具、インテリア雑貨が並ぶ掛川市の「NIXON SUNDAY GOODS」。歳月を重ねたキッチン小物やガラスは、大切に使われてきたものが多い。

広場にはグリーンや世界のアンティークが

ちょっと昔へタイムスリップ

アンティーク雑貨や古道具の店「Ptica」はまさに宝の山。宝探し気分でお気に入りを見つけよう。

フランスの蚤の市みたい!

ヨーロッパで買い付けたかごバッグや陶器などアンティークや、ハンドメイド品が素敵な「monpanier」。見せ方も蚤の市のよう。

東欧のキッチン用品や文房具、布小物が揃う「krapfen baum」

シャビーシックな花と緑

豊橋市の「garage」のブースには観葉植物、多肉植物がスタイリッシュに並ぶ。

人気の自宅SHOPが出店！

普段は自宅SHOPスタイルの小さなスイーツ店「ぶどうの小枝」。フランス菓子を中心に、人気のキッシュやパンも販売。

味わい深いパン

カンパーニュをお土産に

磐田市の人気ブーランジェリー「ロミパン」。自家製酵母で作るパンはもっちりして、食べ応えもある。ザクッとした歯応えのスコーンもお薦め。

この日限定のグルメをお見逃しなく！

ナッツやドライフルーツ入りグラノーラ

店舗を持たず各地のイベント出店で人気の「KOGUMA」。自家製焼き菓子もいろいろ。

香りに誘われて…

袋井市から参加の「2961COFFEE」自慢の香り高いコーヒーでひと休み。焙煎豆やオリジナルグッズも要チェック。

フルーツのシロップ漬けはお湯割りで

評判の手作りジャムならここ!

素材そのものの味を大切に手作りしたジャムが人気。フルーツ漬けシロップやドーナツも並ぶ「Chipakoya」。

ハード系のパンからスイーツまで

掛川市の「POWA POWA」。国産小麦粉に種子島の粗糖、ゲランドの塩、オーガニックドライフードなどを使用。

悩むのも楽しい

タルト、ビスコッティ、ショコラ…。フレンチレストランの手作りスイーツは、悩んだら全部買い!?種類豊富なグラノーラも人気の「kokopelli」。

知っ得MEMO

紅茶や発酵ドリンクを販売するフードカー「茶友」

休憩したくなったら…

じっくりお気に入りを探したい雑貨市。広い会場内に点在する40ものブースをめぐるには休憩も大切。4月でも日差しは強いので、水分補給もこまめに。カフェのオリジナルドリンクを味わいつつ木陰でひと休みしよう。だんご茶屋下の公園にはベンチが多く、研修会館には休憩スペースだけでなく授乳室も完備。紫雲閣前の受付にはベビーカー置き場や迷子の案内もある。

カフェの出店もある公園

休憩スペースのある研修会館

店主との会話がお宝を手にするコツ

小國神社 大骨董蚤の市《おくにじんじゃ だいこっとうのみのいち》

２０１５年10月から毎月1回開催。土曜は骨董市、日曜はフリーマーケットを中心に、50～60店が和物の骨董から西洋のアンティーク、懐かしいキャラクターもの、古着などを並べる。

「他人から見たら『なにこれ!?』と思うような物の中から、自分だけのお宝を見つけ出すのが蚤の市のおもしろさ」と、主催者である「古美術あさの」の浅野邦男さん。

骨董商は会話の中から客が求めるものを察し、次回の仕入れの参考にするという。こんなものが欲しいと店主に伝えておけば、次回探して持ってきてくれるかもしれない。店によっては値札が付いていないこともあるが、臆せず聞いてみよう。値引き交渉も蚤の市ならではだ。

神社への参拝も
お忘れなく

DATA

場所 小國神社第5駐車場
開催日 2～12月の第1日曜とその前日
●時間／日の出～15:00
●住所／周智郡森町一宮3956-1
●交通／天竜浜名湖鉄道遠江一宮駅から徒歩20分。新東名遠州森町スマートICから7分　駐車場あり
●問い合わせ／NKトレーディング 平野　☎053-465-3666

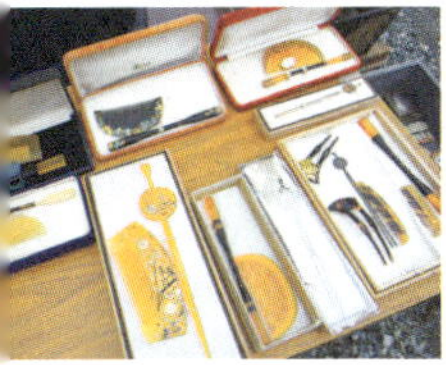

眺めているだけで楽しい純骨董

200年前の古伊万里の大皿、古墳時代の横瓶、高麗の壺など、純骨董と呼ばれる品も扱う「古美術あさの」。

根強い人気の西洋ガラス

ロマンの香り漂う西洋骨董

英仏のアンティークが中心の「仏蘭西館」。1870年のカレンダーになっている扇子や、ガレやサビーノ、ボヘミアングラスなどの美しいガラス製品も。

掘り出しものから珍品まで、早い者勝ち！

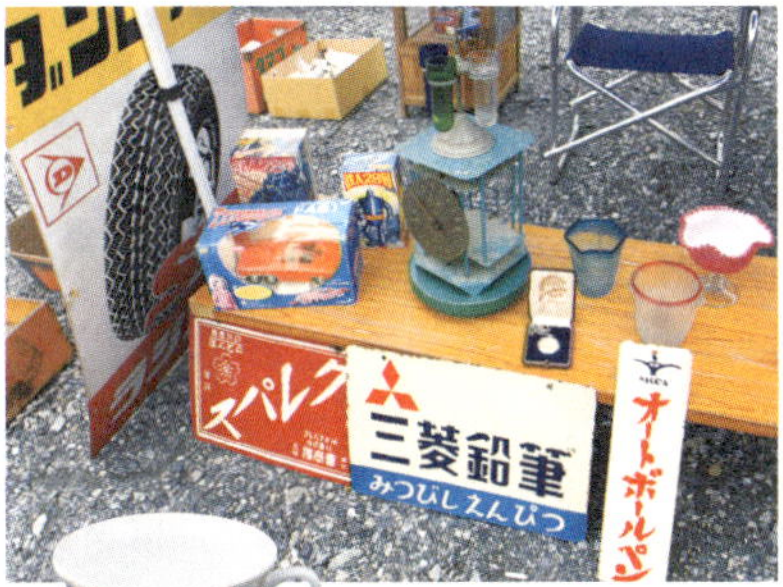

懐かしの昭和レトロ雑貨

昭和雑貨の「ガリレオ」。十二代柿右衛門窯の器や映画館の照明器など珍品も。

手動でプロペラを回す戦前の飛行機

アンティーク着物は3000円～

社会情勢を反映した柄の着物も

若い女性に人気のアンティーク着物

明治から昭和初期の着物専門店「丸藤商店」。明治期のちりめんは数が少なく、値も張るという。現代にはない色使いの着物はすべて1点もの。

マニア必見の軍装品

勲章、軍服は根強い人気。戦前の少年誌の付録「すごろく」には、東郷元帥の成長と活躍が。

おでんは7種類入って400円

古い数珠をリメイクした根付やアクセサリーも

お腹が空いたら軽食でひと休み

軽食と骨董の「荒神乃庄」は小腹が空いた時の強い味方。店先にはオールドノリタケなどの食器類が並ぶ。

「焼きラーメン」（ドリンク、味噌汁付き）500円、「手羽先」（5本）500円

江戸、明治、大正、昭和…。骨董でタイムトラベル

古着リメイクのバックが素敵

ハンドメイド好きには見逃せない明治から昭和のはぎれ。藍染め前掛けや大島紬のオリジナルのバッグも。

押麦飼料

珍しい柄は
10万円以上するが
多くは5000~6000円

普段使いしたい古伊万里

「まるふく骨董店」は古伊万里の蕎麦猪口専門店。江戸中期から幕末が中心。

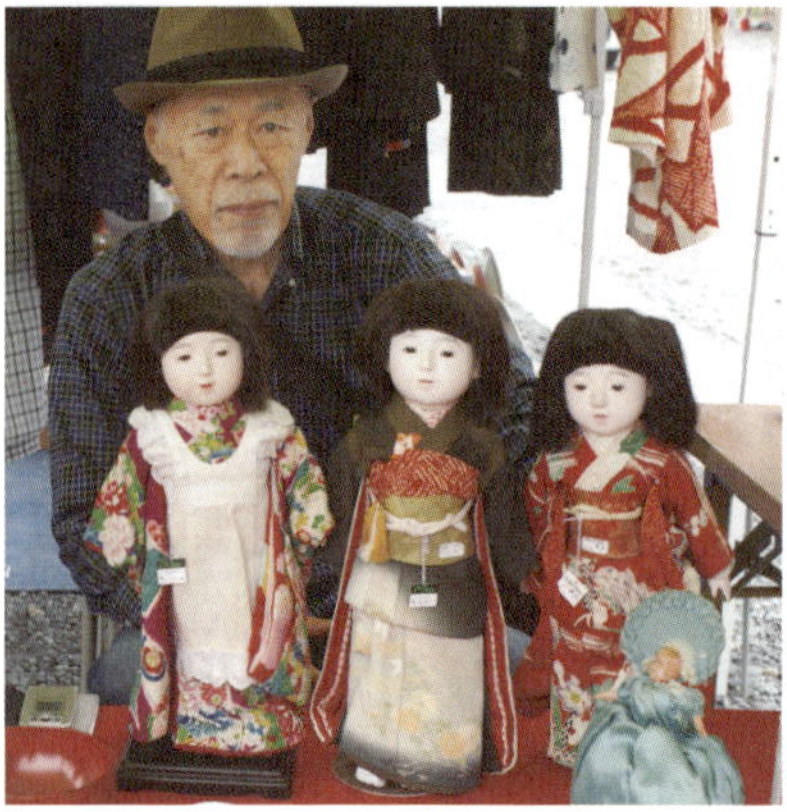

瀧澤光龍斎作の人形も

「多夢楽（たむら）」のイチオシは大正から昭和を生きた市松人形作りの第一人者・瀧澤光龍斎の貴重な作品。100年以上前の時計、江戸時代の大黒像などもある。

年月を経た
アメ色が魅力

毎回違うお宝に出合える

「商品の回転が早く、その時入ったレアものを持ってくる」と話す「成功堂」。今回の目玉は手編みの竹籠。

昭和レトロの世界へ

昭和の雑貨や食器を扱う「多可（たか）」。1袋100円のカラフルなボタンに手芸好きならテンションが上がるはず。

5個2000円の
グラス

知っ得MEMO

小國ことまち横丁で食べ歩き

DATA
営9:30~16:30
休なし

参道入口にある休憩&グルメスポット「小國ことまち横丁」。甘いものからせんべい、うどん、ラーメンまで、どれにしようか迷ってしまう。気ままな食べ歩きを楽しみたい。

お茶と団子でほっと一息

森町の老舗製茶問屋「鈴木長十商店」が運営する「小國ことまち横丁」。「開運だんご」を食べて、お土産には「小國ことまちまんじゅう」540円、「優煎茶のお茶豆」420円を。

「開運だんご」
みたらし2本250円、
こしあん、くるみ味噌は
各2本300円

「お濃茶
ソフトクリーム」
500円も人気

自然薯入りぬれおかき

もち焼きせんべいの「寺子屋本舗」。ぬれおかきや昔ながらの手焼きせんべいが人気。

▼上から「ガーリック」、「バジル」、「味噌だれ」、「マヨネーズ金ごま」、「マヨネーズ七味」220円~。

「かりかり
アーモンドパフェ」
400円

お土産にかりん糖はいかが?

40種類以上が並ぶ「隠れ河原のかりん糖」。隣の「ジェラートまいむ」では、ジェラートが楽しめる。

だしが効いて美味!

店内でゆっくり食事ができる「華うどん」で体の芯まで温まろう。

「かきあげうどん」
550円

趣ある清流の桟敷席で

宮川のほとりに設えた「宮川桟敷」で、せせらぎを聞きながら食事や和甘味を。新緑と紅葉の美しさは例えようもない。雨天時は神社から少し下った場所にある「久米吉宮前田楽」で食事ができる。

DATA
☎0538-89-0015
(久米吉)
営4月末~12月初旬
　の11:00~15:00
休火曜、雨天時

「田舎しるこ」
600円

こんにゃくを使った
久米吉の「Aランチ」
1080円。
デザートバイキングは
プラス216円

桟敷料理
2000円~
※3日前までに
要予約

「見付どっさり市のエビ芋コロッケ」

イワタライスランドの手作り「しっぺいおにぎり」155円〜

商店街を100台の軽トラが占拠する！？

磐田市

みんなで軽トラ市《みんなでけいとらいち》　いわた★駅前楽市《いわたえきまえらくいち》

「お茶のかねまつ」のテイクアウト抹茶250円〜

各地で開かれ人気を集めている「軽トラ市」。中でも本州最大規模と言われるのが、JR磐田駅から北に延びる「ジュビロード」の軽トラ市だ。歩行者天国となる駅前交差点から約1キロの道沿いに、100台近い車が並び、地場産の採れたて野菜やお茶、花、福田港直送のシラス、手作り雑貨など多彩な品を販売。出店数はどんどん増え続け、愛知、神奈川からの参加もあるという。

　地元の農業高校生が摘果メロンで作るキムチをはじめ、エビ芋コロッケ、磐田市イメージキャラクターしっぺいのおにぎりなどご当地グルメも好評だ。

DATA

場所 いわたジュビロード（JR磐田駅北口商店街）

開催日 3･5･9･12月の第2日曜※雨天決行（一部イベント中止）

●時間／9:00〜12:00
●住所／磐田市中泉
●交通／JR磐田駅北口すぐ。東名磐田ICから12分　駐車場なし
●問い合わせ／実行委員会（磐田商工会議所内）
☎0538-32-2261

「かまあげ」、
「シラス干し」
各1パック500円

自家焙煎のコーヒー豆

ジュビロード商店街から参加の「カフェレプタ」。実ははんこ屋さんだと聞いてびっくり。

「ドリップコーヒー」
350円~

大漁旗を掲げて参上

福田港から来た「カネ長水産」。イチオシは朝獲れシラス。開店と同時に行列ができる。

商店街の一日限定青空マーケット

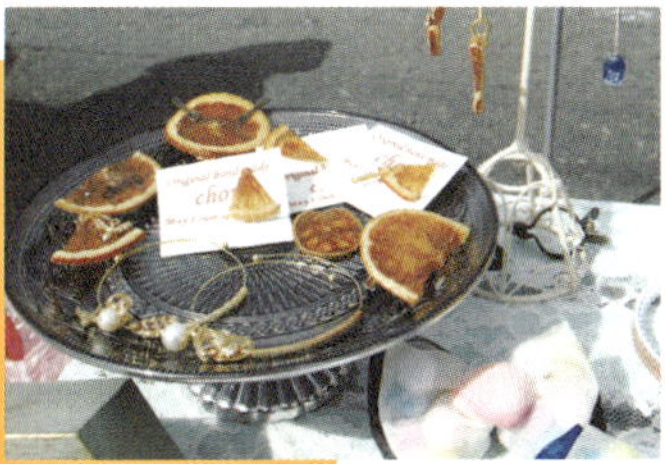

ミカンブローチ!?

「Bunny Tail&farise mignon」はアクセサリーやポーチなどが並ぶ手作り雑貨の店。本物のミカンを乾燥加工して作ったアクセサリーは必見!

「ウーロン茶」、
「ほうじ茶」150g
各500円

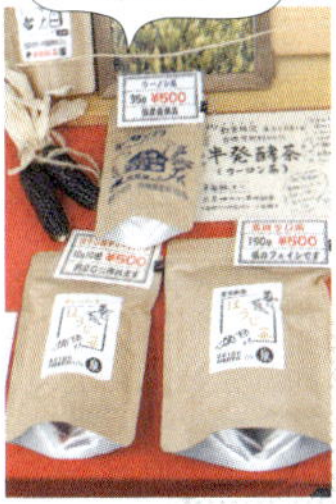

春野町の
発酵茶いろいろ

春野地区からは有機無農薬茶の「うの茶園」が出店。紅茶やウーロン茶などを販売。

焼きたてをまずは試食

干物を焼く香りに誘われ続々と客がやって来る。沼津市から出店の「マルギ水産」。沼津産の干物が並ぶ。

試食してって~

大工さんの木製スピーカー

珍しい木のスピーカー「mon.ki」は温もりのある音に

佐久間のゆるキャラ・カッパの「さくまる」も応援

寒い季節にじんわり染みる蕎麦の味

浜松市天竜区

佐久間新そばまつり《さくましんそばまつり》

新蕎麦の食べ比べというなかなかできない体験ができる。中心になっているのは佐久間の蕎麦打ちの伝統を守ろうと、休耕田を借り上げ蕎麦を栽培する「NPO法人がんばらまいか佐久間」。愛知、岐阜、長野からも蕎麦打ち自慢が集結し、十数店の屋台が軒を連ね、1杯500円から打ちたての蕎麦が楽しめる。

蕎麦打ちの体験や見学、道具の販売もあり、会場はまさに蕎麦一色。寒い時期にも関わらず、初回の1999年以来、来場者が増え続け、2016年は7000人を突破。待ちに待った新蕎麦の時期に、蕎麦を求めて山里を目指すところが、蕎麦好きの心をそそる。

参加地域の地場野菜や加工品、菓子などが買えるコーナーもぜひのぞいてみて。

DATA

場所 佐久間協働センター駐車場・佐久間歴史と民話の郷会館

開催日 1月の第3土・日曜

- 時間／9:00～15:00
- 住所／浜松市天竜区佐久間町佐久間429-1
- 交通／JR飯田線佐久間駅から徒歩8分。新東名浜松浜北ICから65分　駐車場あり
- 問い合わせ／実行委員会事務局　☎053-965-1100

打ちたて茹でたてが食べられる

ブースをめぐって、はしご蕎麦

飛騨牛の旨みがたっぷり！

飛騨から参加の深山蕎麦ブースの人気メニュー「飛騨牛そば」900円。

限定販売の在来蕎麦

「NPO法人がんばらまいか佐久間」自慢の一杯は、佐久間の在来種で打った蕎麦。噛むほどに香りと甘さが広がり、蕎麦本来の味を堪能できる。

つるんとおいしいナメコ

とろみのある汁が体を温めてくれる「ジャンボナメコそば」600円。

蕎麦打ちライブ

どのブースも蕎麦打ち職人がフル稼働。名人たちの妙技を間近に見てみよう。

プチプチ食感のそばの実雑炊

野菜の甘みたっぷりのスープと、蕎麦の実がよく合う。

「野沢菜わさび」、「野沢菜七味」各400円

南信州からは野沢菜漬けも

果実や漬物など信州の特産を販売するコーナーにも人だかりが。豊富な野沢菜漬けは価格も手頃。

その気になったら…

こね鉢、麺台、のし棒など蕎麦打ち道具が並ぶ店も。思いたったが吉日!?

御殿場市

来場者1万人に迫る大規模マルシェ
ときすみマルシェ

参加店のジャンルは「雑貨・癒し・フード・ワークショップ・ワンちゃん」。愛犬と行ける「ワンちゃんショップ」は愛犬の目を守るサンバイザーなど多彩なグッズが買えると人気。「時之栖」のレストランや温泉も楽しめる。

100店を超えるブースが集合

DATA

場 所 御殿場高原 時之栖
開催日 GW、秋※年2～3回

●時間／10:00～17:00
●住所／御殿場市神山719
●交通／JR三島駅から無料シャトルバス50分。JR御殿場駅から無料シャトルバス20分。東名裾野ICから5分　駐車場あり
●問い合わせ／実行委員会 ☎0550-87-3700

御殿場市

「食べる・学ぶ・体験する」食の祭典
ごてんばmiyaマルシェ

ごてんばミヤマルシェ

主に県東部の生産者が集結。おいしい食べ方を聞いたり、ワークショップでラテアートを体験したり、天然酵母パンや和洋スイーツ、金賞受賞のソーセージなどテイクアウトが楽しめるのも魅力。

DATA

場 所 秩父宮記念公園
開催日 年2回(不定期)

●時間／9:00～16:00
●住所／御殿場市東田中1507-7
●交通／JR御殿場駅から無料送迎バス10分。東名御殿場ICから3分　駐車場あり
●問い合わせ／秩父宮記念公園 ☎0550-82-5110

富士市

地域とつながる空間に素敵なアイテムが集合
ESORA de Marche

エソラデマルシェ

地元工務店が開放するフリースペース「esora (エソラ)」で「手づくり・オーガニック・農業」の3つを柱に開催される。春は「始まり」、夏は「わくわく」、秋は「食欲」、冬は「準備」をテーマに、四季の暮らしを彩るアイテムやパン、惣菜、スイーツ、農産物などが豊富に揃う。

地元の人気店など出店は毎回変わる

DATA

場 所 エコライフ創造空間esora
開催日 年4回(3・6・9・12月)

●時間／10:00～14:00
●住所／富士市中里2591-10
●交通／JR東田子の浦駅から徒歩15分。東名沼津ICから25分
●問い合わせ／エコフィールド株式会社 ☎0545-32-1185

沼津市

選りすぐりのパン屋さんが
年1回集結

ぬまづパンマルシェ

「パンでつながる笑顔の輪」を合言葉に、2016年には50店が参加。年々規模が拡大中で、街の人気店はもちろんホテルベーカリー、ピロシキやベーグルの専門店なども出店。この日限定の品が多いのも楽しみ。早めに出かけよう。

厳選小麦の天然酵母パンも並ぶ。ハンドメイド市も同時開催

DATA

場所 仲見世商店街、新仲見世商店街、大手町商店街ほか
開催日 年1回開催(秋)

●時間/10:00~15:00※売り切れ次第終了　●住所/沼津市大手町　●交通/JR沼津駅南口から徒歩2~5分　駐車場なし
●問い合わせ/実行委員会
☎090-1620-6337

伊豆市

掘り出し物を探すなら
早起きが肝心

伊豆狩野川記念公園《いずかのがわきねんこうえん》・骨董蚤の市《こっとうのみのいち》

なんとスタートは日の出から。県内各地の骨董店が20~30店集まる。陶磁器や掛け軸などの骨董から、昭和レトロな品、茶道具、着物まで種類も豊富で、ジーパンやレコード、懐かしのキャラクターグッズなどのレアものも。

本物の骨董好きは朝早く来て、目ぼしい物をサッと入手するらしい

DATA

場所 伊豆狩野川記念公園グラウンド内
開催日 毎月第1日曜と、前日の土曜

●時間/日の出~15:00
●住所/伊豆市熊坂512-1
●交通/伊豆箱根鉄道大仁駅から徒歩10分　駐車場あり
●問い合わせ/実行委員会
☎090-2269-6172(古集堂)

三島市

「まめったい」が語源の
マルシェ

まめのまるしぇ

伊豆市ブランドのシイタケ、沼津産のサバを使ったメンチカツ、箱根西麓野菜、戸田塩を使った唐揚げ、手作りのジャムやスイーツ、木工や布、革のクラフト…。手仕事を感じるフードやクラフトが並ぶ。会場はその都度変わる。

手作りの赤飯や紅白餅も人気

DATA

場所 楽寿園、三島市商工会議所、函南文化センターのどこか
開催日 2・6・10月の1日

●時間/10:00~15:00※変動あり
●住所/楽寿園 三島市一番町19-3ほか　●交通/楽寿園 JR三島駅から徒歩3分ほか　駐車場あり
●問い合わせ/実行委員会
☎090-2946-2680(ふくらしや高木さん)

静岡市葵区

フードブースも出店

骨董から
古書や玩具、古着まで

静岡護国神社
蚤の市

しずおかごこくじんじゃのみのいち

県内最大規模の定期開催されている蚤の市。護国神社の参道に、古美術、古民具、古布など80～100の骨董店がずらり。高額品ばかりでなく気軽に手が出せる珍品も多い。値段交渉は蚤の市ならではのお楽しみなのでぜひチャレンジして。

木立の中を散歩気分でお宝探し

DATA

場 所 **静岡縣護国神社**
開催日 **毎月最終日曜とその前日の土曜**

●時間／8:00～15:00※土曜は7:00頃～15:30
●住所／静岡市葵区柚木366
●交通／静岡鉄道柚木駅から徒歩3分。JR東静岡駅から徒歩10分　駐車場あり
●問い合わせ／静岡のみの市会 ☎054-253-1478

静岡市清水区

おいしいがいっぱい! 地域密着マルシェ

草薙マルシェ

くさなぎマルシェ

夏は流しそうめん、植物や雑貨、アートフラワーなどのブースも

「地域コミュニティを活性化し、もっと魅力的な街になろう」を目指し、毎回20店ほどが出店。地元の朝採れ野菜から和菓子、カレー、静岡おでん、手作りジャム、豆腐、バーガー、コーヒーなどグルメが充実している。

DATA

場 所 **草薙茄兵衛 駐車場**
開催日 **毎月最終日曜**

●時間／8:00～11:00
●住所／静岡市清水区草薙1-26-1
●交通／JR草薙駅から徒歩5分。静岡鉄道草薙駅から徒歩3分。東名清水ICから15分　駐車場あり
●問い合わせ／実行委員会 kusanagimarche@gmail.com

「万葉集」にも登場するという“安倍の市”を平成になってから復活させた。毎月1日の静岡浅間神社の月次祭に合わせて開催し、オクシズの山の幸、しずまえの海の幸をはじめ、地元野菜、手作り弁当、菓子などが並ぶほか、陶芸作家の作品も。まずは参拝してからゆっくり買い物を楽しもう。

静岡市葵区

千年の時を超え、
伝統の市を復活

平成 安倍の市

へいせいあべのいち

テイクアウトグルメも多彩

DATA

場 所 **静岡浅間神社境内**
開催日 **毎月1日**

●時間／9:00～13:00
●住所／静岡市葵区宮ケ崎102-1
●交通／JR静岡駅からバス「赤鳥居」下車徒歩5分。新東名新静岡ICから15分　駐車場あり
●問い合わせ／静岡浅間通り商店街振興組合 ☎080-6902-0456（あくつさん）

静岡市葵区

**木に触れて、癒やされる
木材のアウトレット市**

森とマルシェin玉川《もりとマルシェインたまがわ》

しずおか森と学ぶ家づくりの会と玉川きこり社が開催。杉や檜、広葉樹などの一枚板の販売会のほか、プランター、木箱、アクセサリー、玩具などの木製品が割安に買える。薪割り体験、地元木材を使う家づくりの無料相談もできる。

木工作ワークショップや薪割り体験(上)、かき氷販売(中)の様子

DATA

場　所 杉山製材所
開催日 7月第3日曜(予定)

●時間/10:00~15:00
●住所/静岡市葵区中沢50-2
●交通/JR静岡駅からバス「中沢上」下車徒歩5分。新東名新静岡ICから15分
●問い合わせ/杉山製材所
☎054-207-2011

静岡市葵区

**駿府城公園で
「小さなパリ」を体感**

マロニエ・マルシェ

異文化が集まるパリのマルシェや蚤の市をイメージしたイベント。市内の人気レストランやスイーツ店、花屋さんが出店するほか、地元農家の新鮮野菜、かわいい雑貨も並ぶ。心地よい音楽を聴きながら、パリを感じよう。

パリから寄贈されたマロニエの木の下で楽しい一日を

DATA

場　所 駿府城公園マロニエ園
開催日 春秋2回

●時間/10:00~16:00
●住所/静岡市葵区駿府城公園1
マロニエ園
●交通/静岡鉄道新静岡駅から徒歩10分。JR静岡駅から徒歩15分
駐車場なし
●問い合わせ/事務局
ninitacoco2009@gmail.com

静岡市葵区

**春は
桜の開花に合わせて開催**

宝市《たからいち》

徳川2代将軍・秀忠公の母の菩提寺・宝台院の節分祭や不動尊大祭に合わせて開かれる。小規模ながら選りすぐりの限定グルメやクラフト品、植物や雑貨、ちょっと珍しい有機野菜などが並び、ほのぼのとした雰囲気が魅力。

DATA

場　所 宝台院
開催日 2月、3月末~4月初旬、10月

●時間/10:00~15:00
●住所/静岡市葵区常磐町2-13-2
●交通/JR静岡駅から徒歩10分
駐車場なし
●問い合わせ/宝市 https://www.facebook.com/takaraichi2010/

藤枝市

テーマは
みんなで作る寺子屋

おかげさん

会場の大慶寺本堂では足つぼなどのリラクゼーション、客殿ではキャンドル作りなどのワークショップ、境内にはカフェも出店と、寺全体をフル活用。カレーリレーやスープフェス、寺シネマ、ライブなどユニークな企画も好評。

キッシュ
¥350

カレーリレーで登場した一皿

企画は毎回替わるのでお楽しみに

DATA

場 所 大慶寺
開催日 毎月3日

●時間／10:00～14:30 ※変更あり
●住所／藤枝市藤枝4-2-7
●交通／JR藤枝駅からバス「千才」下車徒歩3分。東名焼津IC、新東名藤枝岡部ICから10分　駐車場あり
●問い合わせ／企画部会 ☎090-7689-6143（大場さん）

藤枝市

地元のことが好きになる駅前マルシェ

love local MARKET

ラブローカルマーケット

人気のクロワッサン&ブリオッシュ

地元の魅力に触れる機会を作ろうと始まった金曜夜限定の市。「美味しい食材バルの日」、「本格派コーヒー専門店集合！」など毎回テーマがあり、藤枝市内の魅力ある店が参加する。イートインコーナーで軽く一杯も楽しい。

DATA

場 所 藤枝駅南口ロータリー
開催日 毎月第4金曜※土曜に番外編開催もあり

●時間／16:30～20:30※番外編は14:30～18:30
●住所／藤枝市駅前1-1-1
●交通／JR藤枝駅南口すぐ。東名焼津ICから15分。東名大井川焼津藤枝スマートICから10分　駐車場なし
●問い合わせ／SACLABO ☎070-5332-3955

浜松市中区

コンセプトは
「Good Daily Goods」

KAGIYA マーケット

カギヤマーケット

クリエーターが集まる文化発信基地・KAGIYAビルがフランスのマルシェのような日常になじんだマーケットを目指し開催。「街中で良質な日用品が買える場所」を形にした。新鮮野菜のほか、人気のスイーツ店や食材店のフード、クラフト作家の雑貨、アンティークなどが並ぶ。

市内の人気パン店も参加

DATA

場 所 丸八不動産ARTFORMマンションギャラリー駐車場、KAGIYAビル
開催日 不定期※年2回程度

●時間／10:00～16:00
●住所／丸八不動産ARTFORMマンションギャラリー 浜松市中区田町226-11、KAGIYAビル 田町229-13
●交通／遠州鉄道第一通り駅から徒歩5分　駐車場なし
●問い合わせ／実行委員会 kagiyamarket@gmail.com

浜松市北区

河川敷でのんびり
グルメ&ショッピング

ほそえ姫市

農作物を積んだ軽トラ市と、手作り雑貨市が合体。焼きソーセージ、お茶、たい焼きなど細江周辺の飲食店のグルメも楽しめる。秋のハゼ釣り大会、冬の餅つき大会・どんど焼きなど毎回替わるイベントも好評だ。

春は桜も楽しめる。夏の夜市も好評

DATA

場所 **都田川河川敷桜堤**
開催日 **毎月第3日曜**
●時間/9:00~13:00
夜市17:00~20:30※8月のみ
●住所/浜松市北区細江町気賀
●交通/天竜浜名湖鉄道気賀駅から徒歩3分　駐車場あり
●問い合わせ/細江観光委員会
☎053-523-3336※火·金曜9:00~12:00

浜松市西区

「つくる」と「つかう」を
つなげるマルシェ

えんの市

2016年の第2回目には70~80店が参加。全国のクラフト作家による展示販売が中心だが、地元農家の新鮮な農作物も揃う。ベトナム料理などのワールドグルメ、カフェ、スイーツ、スモークの店などフードも充実、音楽ライブも楽しめる。

桜が見頃を迎える頃に開催。地元アマチュアバンドも参加

DATA

場所 **雄踏総合公園芝生広場**
開催日 **4月の第1土·日曜**
●時間/10:00~16:00
●住所/浜松市西区雄踏町宇布見9984-1
●交通/JR舞阪駅からバス「宇佐見西ヶ崎」下車徒歩15分。東名浜松西ICから20分　駐車場あり
●問い合わせ/雄踏総合公園
☎053-596-1894

浜松市中区

2日間限定の80店が
肴町に出現

まるたま市

街の空き店舗や空間を利用し開かれる、街歩きを楽しむ雑貨市。テキスタイル、皮製品、アクセサリーなどの作家が出店するほか、スイーツ店やカフェ、レストランも自慢の逸品を提供。毎年7000人以上が来場する。

会場マップ片手にお散歩気分!

DATA

場所 **肴町商店街周辺**
開催日 **年2回春と秋**
●時間/10:00~16:00
●住所/浜松市中区肴町
●交通/JR浜松駅から徒歩10分
有料駐車場あり
●問い合わせ/浜松まちなかマネジメント ☎053-459-4320

温故知新

神社仏閣の伝統市

早春のだるま市、実りの秋の酉の市、
花の便りに合わせて立つ
朝顔市やほおずき市…。
そんな伝統市には
日本人の心をふるわす何かがあるようだ。

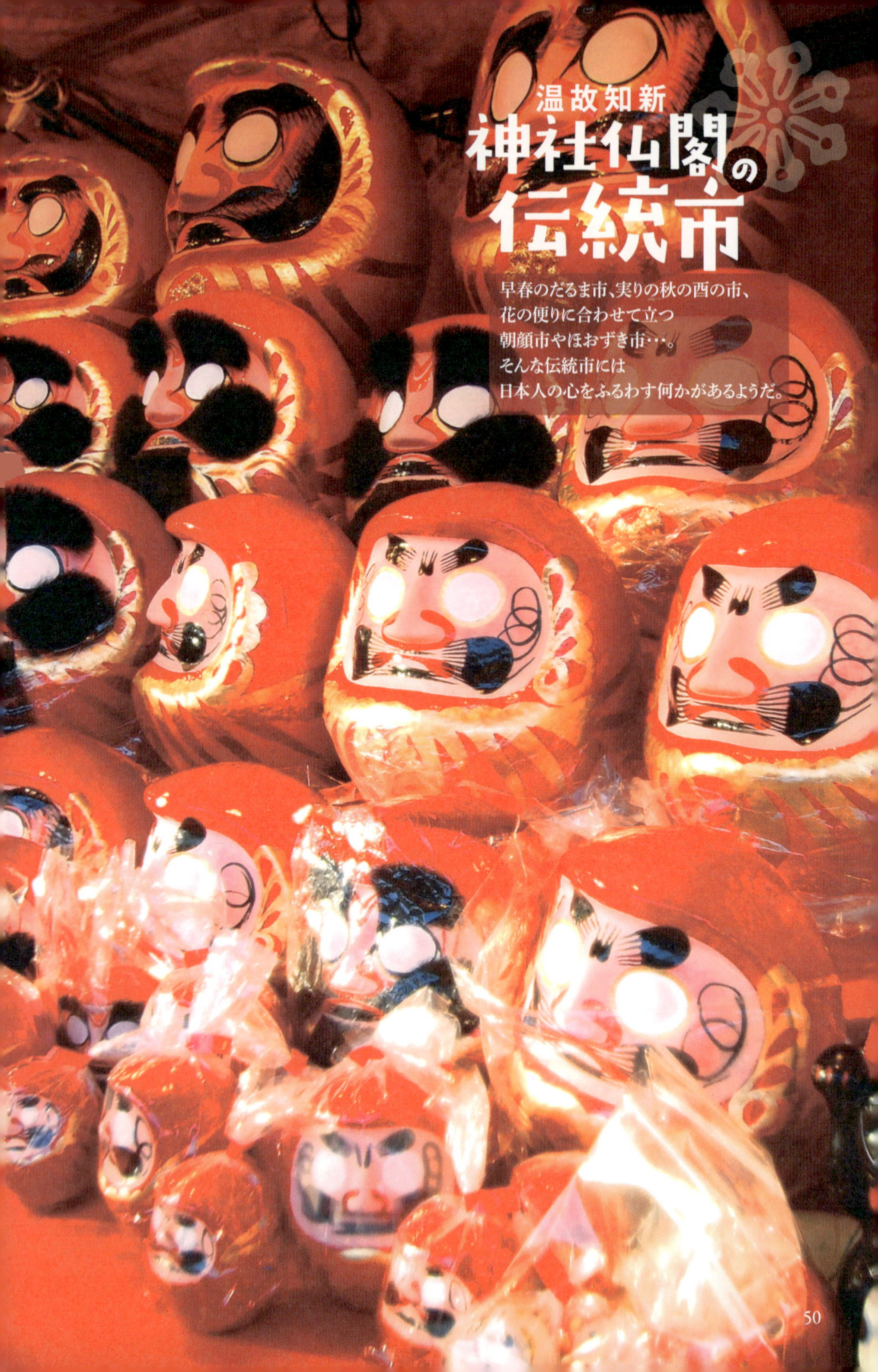

毎年十数万人が訪れる日本3大だるま市のひとつ

毘沙門天だるま市《びしゃもんてんだるまいち》

旧暦の正月7日、8日、9日の3日間に渡って行われる「毘沙門天大祭」。その起源は毘沙門天王が沙婆に現れ、人々の願い事を聞いてくれるという教えで、この期間中にご神体を拝み、願掛けをすると大きな功徳があると言われている。

そしてこの大祭に欠かせないのが縁起物のだるま。全国から集まっただるま商の露店がずらりと軒を連ね、買い求める人々で大賑わいとなる。買っただるまは開眼祈祷をしてもらってから持ち帰り、一年間お祀りする。翌年返納し、心機一転、新しいだるまを求めるのが習わしだ。

JR吉原駅から続く沿道にも露店が立ち並ぶ。辺りは祭りムードに染まり、タコ焼きや焼きそば、落花生入りの飴「たんきり」の出店もある。食べ歩きもこの市の楽しみのひとつだ。

1

2

DATA

場 所 富士毘沙門天
開催日 旧暦1月7・8・9日にあたる日

- 時間／10:00~16:00
- 住所／富士市今井2-7-1
- 交通／JR吉原駅から徒歩15分
  有料臨時駐車場あり
- 問い合わせ／妙法寺
  ☎0545-32-0114

1.一年の厄災を背負ってくれただるまを供養する「おたきあげ」。お坊さんの読経が響き渡る
2.大祭に合わせ本殿で行われる秘法「火」の祈祷。お参りすれば万倍のご神徳があるとされる

色も表情もいろいろ。だるまが境内を埋め尽くす

だるまみくじで運試し

お守りなどを販売する札場で小さなだるま付きの「だるまみくじ」を発見。だるまは縁起物として飾っておこう。

この日しか買えない 名物「たんきり」

毘沙門天に続く参道の露店で注目したいのは、坂田菓子店の「たんきり」。落花生を飴で固め板状にしたもので、香ばしく懐かしい味。

願いを込めて開眼祈祷

「だるま開眼受付」で申し込み、目を入れてもらう。料金は大きさによるが1000円くらいから。

だるまだけじゃない、縁起物あれこれ

インパクト大の「毛付だるま」発見

たくましい顔つきのこのだるまも実は「鈴川だるま」のひとつ。この迫力なら厄難も払いのけてくれそう。

だるま法被の粋な姿をパチリ！

富士の「鈴川だるま」

毘沙門天のある今井の隣町、鈴川町で作られている「鈴川だるま」は髭が控えめで、やさしい顔立ち。

右手はお金を招く!?

だるま露店の中に紛れていた招き猫。縁起物がこれだけ揃えば開運、厄除け、商売繁盛、金運アップ…、ご利益満載だ。

ブタは幸せの象徴!?

中国や韓国などで縁起物とされるブタ。愛らしいブタの置物は子どもや女性に人気。

華やかな熊手やお飾りも

本来は酉の市の主役「熊手」や「お飾り」も、同じ縁起物として並ぶ。色鮮やかな熊手がだるま市に華を添える。

知っ得MEMO

植木市も縁起がいいと評判

同時開催の恒例「植木市」。大祭で購入した植木は成長が早かったり、美しい花を咲かせたり、昔から縁起が良いとされ、これを目当てに来る人も多い。観賞用の植木や彩り豊かな鉢花のほか、レモンやデコポンなど実がなる植木の販売も。苗木の選び方や育て方などプロに相談しながら購入できる。だるま市の後に、ぜひ立ち寄ってみよう。

威勢のいい三本締めの音が響き渡る

静岡市葵区

西宮神社えびす講《にしのみやじんじゃえびすこう》

「おいべっさん」、「えびすさん」の名で親しまれている七福神の一人「えびす神」を祀る、全国の西宮神社で毎年10月19、20日に開かれる大祭。静岡市横田町の西宮神社にも、商売繁盛・家内安全を祈願する大勢の参拝客が訪れる。

神事は20日の昼だが、最も盛り上がるのは前日19日の夜。門前通りから境内まで縁起物を売る露店が70店ほど連なり、売り買いが成立すると三本締めが響き渡る。熊手のほか、最近はおかめ・サイコロ・短冊（花札）・千両箱・大福の「五縁起」を竹に吊るした縁起物を買い求める人が多く、毎年、少しずつ大きな物へと買い換えていくのが習わしだという。ここのおいべっさんは、戦時中も途切れることなく開かれていたそうだ。

DATA

場 所 西宮神社
開催日 10月19･20日

- 時間／10:00～翌日正午
- 住所／静岡市葵区横田町5-24
- 交通／JR静岡駅から徒歩20分。静岡鉄道音羽町駅から徒歩5分　駐車場なし
- 問い合わせ／西宮神社
  ☎054-253-4821（当日）
  静岡観光コンベンション協会
  ☎054-254-2212

供物が奉納される本殿

神社の「かっこめ」!?

露店に並ぶのは熊手や宝船など華やかなものが多いが、社務所には竹熊手と米で作られた「かっこめ」という素朴な縁起物も。

19日の夕方頃から続々と人が集まり始め、深夜12時を過ぎても人足が途切れることはない。

横田商店街にかつてあった郷土玩具店「澤屋」で修業した杉山熊手店（富士市）の熊手。2000円ほどの小さな物から、オーダー発注の大物まで揃う

お参りして、縁起物を買って、食べ歩き

おいしそうな香りに誘われて…

商店街にはトウモロコシやイカ焼き、焼そばなどの露店が並ぶ。食べ歩きも祭りのお楽しみ。

涼を呼ぶ風鈴付きほおずき

参道を15分ほど進んだ先に待っているのが、風に揺れて涼し気な音を奏でるほおずき。玄関先に吊るすのがお薦めだそうで、水やりは1日2回。

一年で最も特別な日に立つ市

厄除けほおずき市《やくよけほおずきいち》

袋井市

厄除け祈願で知られる法多山で、最もご利益があるとされているのが7月10日の縁日。この日に参拝すると、４万６０００日分のご利益が得られ、灯篭を奉納するとさらにご利益が2倍になるという特別な日だ。

この日に合わせ、9日と10日に開かれるのが「万灯祭」で、30年ほど前から「ほおずき市」も一緒に開催されるようになった。毎年１５００鉢ほどの厄除け祈願をしたほおずきが用意され、縁起物として多くの参拝者が買い求める。

ほおずきを買った後は万灯祭のクライマックスを待つばかり。家内安全や無病息災など願いを込めた１５００基の灯篭が18時頃から灯され、境内は幻想的な雰囲気に包まれる。

1

2

DATA

場　所 法多山尊永寺

開催日 7月9･10日

- 時間／9:00〜21:00
  ※10日は6:00〜
- 住所／袋井市豊沢2777
- 交通／JR袋井駅からバス「法多山」下車すぐ。東名掛川ICから15分　有料駐車場あり
- 問い合わせ／法多山尊永寺
  ☎0538-43-3601

3

1.夏ならではの緑生い茂る参道を歩くのも心地よい
2.本堂下の広場には野菜やかき氷を販売するブースが並ぶ
3.昼間は行列もなくゆったり参拝できる

1500基もの灯篭が暗闇に輝く、荘厳な世界が広がる
（法多山万灯祭）

静岡市清水区

朝顔まつり《あさがおまつり》

浄瑠璃「朝顔日記」の主人公を偲ぶ

浄瑠璃や歌舞伎で有名な悲恋を描いた演目「朝顔日記」の主人公・深雪の墓がある法岸寺で行われる法要祭。盲目の芸人・朝顔と名を変えたヒロインにちなみ、境内では美しい朝顔の鉢植えコンクールが行われ、児童が描いた絵も展示される。

地元商店会の出店、軽食や野菜販売のブースが並ぶのも毎年恒例のお楽しみ。入江小学校吹奏楽部の演奏なども披露される、ほのぼのとした地域密着型のお祭りだ。

朝顔の品評会

園芸愛好家から出品された朝顔およそ80鉢が並ぶ（非販売品）。

知っ得MEMO

「朝顔日記」深雪之墓

「朝顔日記」は、恋人を追って家出したのに願いが叶わず、悲しみのあまり盲目となった娘の物語。主人公の深雪は後に清水の船手奉行の妻となり、この地で没したと伝わる。毎年7月の最終日曜に法要が行われている。

焼いても、揚げてもおいしい折戸ナス

地元グルメが集合

ブースには、採れたての野菜や手作りトマトジャムが並び、商店街が出した焼きそばやカレーの店も。

「ココナッツカレー」と「チキンカレー」各500円

「タンドリーチキン&ポテト」500円

入江商店会のキャラクター・河童が目印！「かっぱどらやき」

DATA

場所 法岸寺

開催日 7月の最終日曜（31日は除く）

- 時間／7:00～12:00
- 住所／静岡市清水区入江南町3-33
- 交通／JR清水駅から徒歩7分。静岡鉄道入江岡駅から徒歩2分　駐車場あり
- 問い合わせ／入江商店会事務局 ☎054-366-0416（タケムラフォト）

浜松市東区

遠州最大！１２０余年続く市

遠州浜松《えんしゅうはままつ》　笠井だるま市《かさいだるまいち》

「だるまは最初に小さなものを購入し、だんだん大きいだるまに買い替える。そうすれば福がどんどん膨らんでついには大願成就に至る」。そんな言葉を、だるまを求める参拝客で賑わう縁日で耳にした、旅の行商人・伝衛門さん。これは商売にしたらおもしろいと、福来寺の縁日でだるまを売り始めたのが明治24年のことだという。

　今や30軒もの露店が並ぶだるま市として親しまれ、だるまにちなんだ最中や弁当などこの日限定の〝だるまグルメ〟も登場。当日は本堂の笠井観音が開帳されるので、お参りも忘れずに。

金色パワーで
ますます縁起がいい！

笠井観音名物・金だるま

福来寺は檀家のいない寺で、金だるま（小サイズ）は浄財のお礼として進呈される。数量限定で申し込みは前年のだるま市まで。当日に右目を入れ、祈祷後に手渡される。

露店で購入しただるまも
右目を入れて
祈祷してもらえる（有料）。

自分であんを詰める
「だるま最中」

栗&小豆あんの「だるま最中」

甘酒のサービスのほか、近隣の店が「だるままんじゅう」や「だるま弁当」などを販売。

この日だけ会える観音様

笠井観音を拝もうと、本堂前に大勢の参拝客が列をなす。

DATA

場所 **観光山 福来寺**
開催日 **1月10日**
●時間／7:00～19:00
●住所／浜松市東区笠井町252
●交通／JR浜松駅からバス「笠井」下車すぐ。東名浜松ICから10分　臨時駐車場あり
●問い合わせ／法光院
☎053-434-0739

浜松市北区

桜の季節のだるま市で、
ランドセル祈願も

奥山半僧坊さくらまつり（だるま市）《おくやまはんそうぼうさくらまつり》

奥山の千本桜が見頃を迎えるさくら祭りに合わせ、名刹・方広寺で開かれるだるま市。新年度の始まりに、学業や仕事の成就を願って訪れたい。子どもの交通安全や学業成就を願う「ランドセル祈祷」も好評だ。

当日は入山料無料（堂内拝観400円）。「ランドセル祈祷」はランドセルの持参を

DATA

場所 方広寺
開催日 3月下旬～4月上旬の土・日曜（予定）

●時間／9:00～16:00（予定）
●住所／浜松市北区引佐町奥山1577-1 ●交通／JR浜松駅からバス「奥山」下車徒歩10分 駐車場あり
●問い合わせ／方広寺
☎053-543-0003

浜松市中区

本尊は阿弥陀如来と縁起神・
毘沙門尊天

大安寺 酉の市 例大祭《だいあんじとりのいち れいたいさい》

参道の「しにせ通り大安路」に、だるま・熊手・福餅・宝船など縁起物を販売する露店が並ぶ。中でも一番人気は大安寺の開運ミニ熊手。本殿では縁起物への商売繁盛、家内安全、心願成就の祈願法要（有料）が行われる。

18時から甘酒が振る舞われる

DATA

場所 大安寺、しにせ通り大安路
開催日 11月の酉の日※酉の日が3回ある場合は末2回

●時間／露店が並ぶのは夕方～
●住所／浜松市中区肴町316-41
●交通／JR浜松駅から徒歩10分。遠州鉄道第一通り駅から徒歩5分 駐車場なし
●問い合わせ／大安寺
☎053-452-7738

静岡市清水区

縁起物を求める人で賑わう
冬の風物詩

西宮神社大祭《にしのみやじんじゃたいさい》（おいべっさん）

古くから「おいべっさん」の名で親しまれている商売繁盛を祈願する祭り。境内から港橋、さつき通りにかけて縁起物の熊手や招き猫、だるまなどを売る露店が並び、きらびやかに夜を彩る。グルメの露店も楽しみ。

おかめ、サイコロ、花札、千両箱、大福帳が飾られた五縁起

DATA

場所 西宮神社
開催日 11月19日・20日

●時間／19日昼過ぎ～深夜、20日朝～昼前 ●住所／静岡市清水区本町5-2 ●交通／JR清水駅からバス「波止場フェルケール博物館前」下車徒歩10分 駐車場なし
●問い合わせ／静岡観光コンベンション協会清水事務所
☎054-388-9181

早起きは三文より もっとお得!? 朝市

朝一番に収穫したみずみずしい野菜や、
売り切れ御免の漬物、
朝ごはんにちょうどいい限定グルメ…。
この日ばかりは早起きをして出かけよう。

お取り置きOKのご飯

鈴木信雄さんの家ではクチナシの実で染めた黄飯や、赤飯、きのこ飯を販売。参道入口近くなのでお取り置きしてもらい、帰りに受け取ることもできる。苔玉や骨董品なども並ぶ。

静岡市駿河区

不動尊まで里山をてくてく

丸子朝市《まりこあさいち》

大鈩（おおだたら）不動尊の縁日に、地元の特産品や土産ものを売る露店が数軒並んだのが丸子朝市の始まり。それが今や国道1号線から不動尊までの1.7㎞の道沿いに、少ない時で60店、多い時には100店近くが軒を連ねる。農家が旬の野菜、杵つき餅、炊きたてのおこわ、手作りの漬物などを玄関先に並べるほか、地元以外の出店希望者にも広く開放。洋服や雑貨、骨董品などを扱う店も仲間入りした。

毎月楽しみにやって来るリピーターのお目当ては、新鮮な野菜と手作りの素朴な味。焼き餅や鯛焼き、おでん、蕎麦、とろろ汁など、里山で味わう、縁日限定のとっておきグルメもお見逃しなく。

DATA

場　所 大鈩不動尊表参道（国道1号線二軒家交差点～大鈩不動尊）
開催日 毎月28日

- 時間／7：00頃～12：00
- 住所／静岡市駿河区丸子大鈩
- 交通／JR静岡駅からバス「二軒家大鈩不動尊入口」下車すぐ。東名静岡ICから20分　誓願寺駐車場あり
- 問い合わせ／溪月 ☎054-259-1795

食べて買って、寄り道が楽しい参道散策

「焼き餅」

磯部焼きの行列

参道入口から1kmほど先にある「延命園」。海苔が香ばしい焼き餅は行列ができる人気ぶり。手作りの金山寺味噌やたくあん、ラッキョウなどは試食OK。好みの味なら即買いだ。

味見していってください。
試食はタダですよ～

部屋に飾りたい
「パンパスグラス」
200円

季節の野菜は早い者勝ち

春はタケノコ、新茶、夏はオクラ、ナス、ピーマン、秋はサツマイモが人気の「近藤農園」。梅干しと梅酢は自家製でリピーターがいるほど。

お地蔵さんにごあいさつ

明治28年に麻機の不動尊を分祀建立した大鈩不動尊。滝が勢いよく流れ落ちる崖のあちこちに参拝客が奉納したお地蔵様が祀られ、厳かな雰囲気が漂う。本尊の大徳明王は家内安全、健康長寿などさまざまなご利益があるそうだ。

28日にしか出会えない。だからまた来たくなる

お不動さんに着いたらお参りして、身を清め…

一枚一枚手描きしている「干支の絵馬」100円

絵馬に願いを書いて奉納

絵馬を代々取り扱う徳山さんの店。お参り用の線香も販売している。

丹精込めた減農薬野菜

枝豆は6月下旬から10月、ゴボウは8月から1月頃まで。秋冬はキウイフルーツ、キャベツ、大根などが並ぶ。

鈴木武夫さんの畑はネットで害虫を防ぎ、できるだけ薬を使わないようにしている

お供え用の香花

「かねだい園」ではサカキ、シバ、シキミの3種類の香花を販売。

「香花」各種100円~

畑から直行、店先へ

朝市会会長・近藤保さんの店に並ぶ朝収穫したばかりの野菜。安さも魅力!

細長い冬瓜は180円~

「ゴーヤ」2本100円、「オクラ」100円

長さ60cmの特大鯛焼き

中500円
小200円

自称世界一の大きさという「丸子峠鯛焼き屋」。一般的な大きさの小16cm、2人でシェアするとちょうどいい中26cmもある。

珍しい枝物も

思わず足を止めてしまった、観賞用の綿花とフォックスフェイス。

縁日だけ安くなるランチ

創業50年のとろろ屋「溪月（けいげつ）」では、通常980円のランチを28日に限り850円で提供。普段はおひつ入りのご飯が丼になるが、豆腐、温泉卵、蕎麦も付く。数量限定なのでお早めに。

おでんの香りに誘われて

ひと休みにちょうどいい「寿美花」。牛スジのだしが効いたおでんと蕎麦が人気。

1. おでん一串80円（肉は100円）
2. 「天ぷらそば」550円
3. 「山菜そば」500円

3

1

2

知っ得MEMO

品種はメークインが主

ホクホクおいしい山育ちのジャガイモ

「山で育てるジャガイモは、平地で作ったものより水っぽくなくておいしいんです」と教えてくれたのは、「かねだい園」の近藤容子さん。6月の収穫後、すぐに食べずに3カ月ほど貯蔵しておくと熟成し、旨みが増すのだそう。新聞紙を敷いた発泡スチロール箱に入れてふたをし、光に当てないのが芽を出さずに保存するコツ。お薦めの食べ方は、バターを少し入れたコンソメスープで煮るだけのシンプル料理。ぜひお試しを。

近藤容子さん

「日本の朝飯」。
瀬戸ノ谷産の
合鴨農法米と無農薬茶を
はじめ、農家が作る一品
おかずが味わえる。

体にやさしい朝ごはんも楽しみな青空市

藤枝市

れんげじオーガニックマーケット《れんげじオーガニックマーケット》

2013年、主催者の「食や農を通して、その安全性やおいしさ、価値観を共有したい」との思いから始まった月1回のオーガニックフードと雑貨の朝市。有機野菜、天然酵母パン、無農薬茶、天然木の器、フェアトレードの手織り物など地元を中心に25店ほどが集まる。有機野菜で作るコロッケや、マクロビ弁当、豆腐のドーナツなど朝ごはんにもいい出来たてフードが揃うのも魅力で、一番人気はオリジナルの「日本の朝飯」。メニューは毎月替わるがこれを目当てに来る人も多い。商品に詰まった思いやストーリーを作り手から直接聞けるのも楽しい。

有機野菜で作る「ピクルス」350円と「青じそペースト」300円

自然由来の石けんや虫除け

DATA

場所 蓮華寺池公園内あずまそ駐車場
開催日 毎月第3日曜

- 時間／7:00〜10:30
- 住所／藤枝市若王子705-2
- 交通／JR藤枝駅からバス「蓮華寺池公園入口」下車徒歩6分。国1バイパス薮田東ICから10分
- 問い合わせ／SACLABO ☎070-5332-3955

帆布（はんぷ）トートバッグやグアテマラの手紡ぎのストールなど色彩豊かな雑貨が並ぶ。

1袋
600円~

川根町笹間で30年間耕作放棄地だった茶畑の茶樹を枝ごと焙煎した「川根三拾年番茶」。カフェインレスで香ばしい。

1袋300円はお得!

瀬戸ノ谷の原木干しシイタケ

「山栃園」の平口さん夫妻が販売するのは、原木の干しシイタケ。

完売必至の人気コロッケ

ジャガイモのシーズンに登場する藤枝市で有機無農薬の農業に取り組む「山口農園」の手作りコロッケ

「おむすび農園」の味噌汁は旬の野菜入り。国産有機無農薬の地元産の味噌が美味！

安心安全は、やっぱりおいしい。

「バジルとドライトマトのコロッケ」300円ほか

数量限定!お早めに

焼津市のマクロビデリ「Brown Rice Kitchen」のブースも。「大豆ミートのから揚げ」や「お豆たっぷりラタトゥイユ」などの惣菜や弁当が並ぶ。

1ビン
1080円~

希少な岡部産はちみつ

国産材を使った木工雑貨と、岡部産はちみつを販売する藤枝市の木工クラフト「フランク」。非加熱・非精製で飼育時と採蜜したはちみつに砂糖を使っていない100％自然のはちみつはビタミンやミネラルが豊富。

「おとうふドーナツ」

おとうふドーナツが人気

藤枝市から「すろーcaféモミの木」が出店。揚げたての「おとうふドーナッツ」4個入り300円や、夏はフルーツのかき氷300円が好評。

千年前の伊勢神宮の台所で開かれる

浜松市東区

蒲御厨おかげ朝市《かばのみくりやおかげあさいち》

「蒲神明宮でお参りをしてからご来場ください」と主催者の一人「やまこう」の飯田康司さん。大同元年（806年）創立とされる蒲神明宮で心を整え徒歩1分。かつて伊勢神宮の台所とされたこの地で、古代の歴史から新しい時代の暮らしや働き方を見つける市だ。この日の参加ショップは16店ほど。自然農法、自然栽培の野菜や、オーガニック原料のマッサージオイル、フェアトレードコーヒー、限定の鮨などカラダ思いのフードや雑貨に出合える。

千年前の遠い昔に思いをはせ、食べること・暮らすことについてちょっと考えてみる、いい機会になりそうだ。

青空の下で
ランチ＆
ティータイム

DATA

場　所 **やまこう敷地内**
開催日 **毎月第3日曜**

- ●時間／8:00〜12:00
- ●住所／浜松市東区将監町16-13
- ●交通／JR浜松駅からバス「労災病院」下車すぐ。東名浜松ICから20分　駐車場あり（蒲神明宮）
- ●問い合わせ／やまこう ☎053-462-7337　詳しくはHPをチェック

「野菜っておいしい!」を実感

自然農法で育てた「さと畑」の野菜は素材の旨みが濃い。

インドのピックル

季節の野菜やフルーツをスパイスと油、塩で漬けたインドの家庭料理。カレーやクラッカーはもちろん、みそ汁にも合うそうだ。

料理に万能な「あまなつピックル」

買い出しの後はイートコーナーでブランチを

飾っておきたいキュートなピクルス

「epina」のユニークな「標本ピクルス」はもちろん食べられる。有機純米酢と有機バルサミコ酢を使った「きゅうりのピクルス」も人気。

キーンとならないかき氷

「つっつ」のかき氷は特製梅シロップ。7・8月のみの期間限定で普段は珈琲を販売。

大人気の「かき氷」

多彩な品揃えに感激

オーガニックフードや昔ながらの製法で作られた加工品、自然素材の雑貨が揃う「やまこう」。

サイクリングにスペシャルティコーヒー

自転車店「Green Cog」のお薦めは、水筒のお湯で淹れるとっておきの一杯。

「キモチカフェ」の天然酵母のもっちりベーグル。卵・バター・白砂糖不使用の「ラムレーズンのパウンドケーキ」もお薦め。

やさしいオーガニックコットン

「ココナ」の肌触り&着心地を追求した衣類やシーツ。

マッサージ用ブレンド精油

ハーブの効果でリラックス

「チムグスイ」からはハーブを調合した6種類のお茶を効能別に提案。良質な天然素材のマッサージオイルやリップバームも素敵。

漁船から直買い！鮮度抜群の生シラス

浜松市西区

舞阪漁港えんばい朝市《まいさかぎょこうえんばいあさいち》

漁港を目指し
続々と人が集まる

さすが舞阪！というシラス三昧の朝市は行列必至。中でも注目は、シラス漁を終えたばかりの船を会場に横付けし、すぐさま販売する「生シラス」。これ以上の鮮度はないパフォーマンスに、100人以上が列をなす。ただし整理券制なので、ぜひ早起きして手に入れよう。

絶妙な塩味と揚げたてサクサクの食感が後を引く「生シラスの天ぷら」や「シラスのフリッター」も人気で、干物やウナギ、朝ごはんにぴったりのピザや生海苔の吸い物も並ぶ。この日だけは一般にも開放される港で、潮の香りと波の音を感じながら、舞阪の海の幸を堪能しよう。

DATA

場所 舞阪漁港魚市場

開催日 4～7月の月1回土曜

- 時間／7:00～10:00※商品がなくなり次第終了
- 住所／浜松市西区舞阪町舞阪
- 交通／JR弁天島駅から徒歩15分。JR浜松駅からバス「舞阪西町」下車徒歩3分　駐車場なし
- 問い合わせ／実行委員会（浜名商工会内）☎053-592-3811
※当日は053-592-0320

海を見ながら、朝市ごはん

価格は時期によって変わる

格安! 生&釜あげ

早朝から整理券が配られる人気ナンバー1の生シラス。もし逃してしまっても程よい塩味のふわふわ釜あげもあるので大丈夫。

遠州灘の恵み･干物や佃煮も

舞阪産のアマダイやアジの干物、イカの一夜干し、茹でイカなどよりどりみどり。地元産のアサリやシラスの佃煮もお見逃しなく。

特大サイズの「生シラスの天ぷら」

一口サイズの「シラスのフリッター」

人気の天ぷら&フリッター

漁協の女性「浜のレディース」が作る「生シラスの天ぷら」と「シラスのフリッター」。

ウナギを巻いた「舞阪香り焼き」

「手づくりばあばの会」の自慢の一品は、ウナギの蒲焼を生海苔を加えたお好み焼き風生地で巻いたアイデアメニュー。

アツアツがおいしいよ〜

地元高校生も参戦

ウズラの玉子入りシラス団子と手作りウィンナーの組み合わせがユニーク!

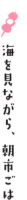

昭和49年から700回以上続く市

熱海市

熱海《あたみ》 日曜朝市《にちようあさいち》

小さな公園で開かれる朝市ながら毎回地元の馴染み客で賑い、生産者との会話を楽しむ人も多い。品揃えは「熱海ブランド」の干物や菓子から、自然農法で育てた野菜や果物、低農薬栽培の柑橘類とその加工品、朝ごはんに人気のパン、地魚、惣菜まで。朝市の原型のような素朴で温かい雰囲気のなか、熱海自慢の品が手頃に買えるので、観光客も増えている。

DATA

場所 渚小公園
開催日 毎月第2･4日曜（12月は第2日曜、29日）

- ●時間／7:00～10:00
- ●住所／熱海市渚町
- ●交通／JR熱海駅から徒歩20分。JR熱海駅からバス「昭和町」下車すぐ　駐車場なし
- ●問い合わせ／熱海市農林水産室
  ☎0557-86-6215

「さば醤油干し」250円

「さんま醤油干し」220円

無添加天日干しの干物

「小澤商店」の干物。みりん干しと違い甘さ控えめなのが醤油干しの魅力。

「橙マーマレード」700円

「あたみだいだいまんじゅう」（6個入り）600円

香りさわやかな特産品ダイダイの商品

特産品ダイダイがジャムやポン酢、菓子などに。果肉と果汁と皮を白あんに練り込んだ「みなみ製菓」の「あたみだいだいまんじゅう」もそのひとつ。

「MOA自然農法」のトマトやピーマンなど旬野菜がいろいろ

「ローザ・ロッソ」の「サンドイッチ」280円

DATA

場所 東伊豆町役場庁舎駐車場1F
開催日 毎週土・日曜、祝日
●時間／8:00～12:00
●住所／賀茂郡東伊豆町稲取3354
●交通／伊豆急行稲取駅から徒歩5分。東名沼津ICから105分　駐車場なし
●問い合わせ／東伊豆町観光商工課
☎0557-95-6301

キンメを食べて。買って。お土産に

東伊豆町

港の朝市《みなとのあさいち》

目玉は何といっても「稲取キンメ」の朝ごはん。メニューは目の前で調理する干物と炊き込みごはんで、早起きした人だけが食べられる逸品。これに無料で振る舞われるキンメの味噌汁をプラスすれば、贅沢この上ない朝定食の完成だ。

　地元の農家が持ち寄る朝採れ野菜をはじめ、無農薬栽培の柑橘類、稲取港に水揚げされた鮮魚、地魚の干物、伝統料理「げんなり寿司」など山海の幸が並ぶ観光客に大人気の朝市だ。

ニューサマーオレンジ

爽やかな香りと思いのほか濃厚な甘みが特徴。旬は短く4月中旬から6月中旬。ゼリーやシャーベットは年中買える。

ご当地グルメも外せない

キンメのそぼろがのった「げんなり寿司」300円～

さすが地元。安さに感動

一本釣りする「稲取キンメ」は今や高級ブランド。1尾2000円くらいから。

キンメの味噌汁は、何と無料！

質の良さで知られる稲取産テングサで作った新名物の「トコロポンチ」300円

静岡市葵区

オーガニックが
キーワードの日曜市

センゲンサンデー

静岡、藤枝、富士宮の有機農家が旬の野菜を持って浅間通りに集結。有機野菜の惣菜や弁当、加工品も好評で、月によってはベーグルや焼き菓子、苗の販売も。買い物ついでに野菜のおいしい食べ方を教えてもらおう。

昼前には品薄になるので、お早めに

DATA

場　所 **浅間通り「リアルフードあくつ」前**
開催日 **毎月第1日曜**

●時間／9:00～12:00
●住所／静岡市葵区馬場町91
●交通／JR静岡駅からバス「中町」下車徒歩5分。新東名新静岡ICから15分　駐車場あり
●問い合わせ／リアルフードあくつ
☎080-6902-0456（あくつさん）

伊東市

朝食をかねて市めぐり

湯どころ いとうの朝市

海産物や地元農家が育てる旬の露地野菜と果物、加工品ブースのほか、弁当店も出店。ムロアジ、エボダイ、カマスなど干物は特に人気で、アジやキンメダイは焼きたてを味見できる。

DATA

場　所 **伊東駅横大型バス専用駐車場**
開催日 **毎週日曜 ※場所と日は2017年4月以降変更予定**

●時間／7:30～12:00
●住所／伊東市湯川
●交通／JR伊東駅から徒歩5分　駐車場なし
●問い合わせ／朝市の会 ☎090-8470-8998（大多和さん）

下田市

土曜は山の幸、
日曜は海の幸

海の朝市 山の朝市

海の朝市は観光客に好評で、お目当ては下田産鮮魚やキンメダイ・アジの干物、イカの塩辛など。山の朝市は、柑橘類や野菜が安く手に入ることから地元客が多い。「夏みかんケーキ」や手作りの漬物、切り花も好評。品切れもあるのでお早めに。

DATA

★海の朝市

場　所 **道の駅 開国下田みなと**
開催日 **毎週日曜※7～9月除く**

●時間／8:00～11:00
●住所／下田市外ケ岡1-1
●交通／伊豆急行伊豆急下田駅から徒歩15分。東名沼津ICから120分　駐車場あり

★山の朝市

場　所 **伊豆急下田駅前広場**
開催日 **毎週土曜**

●時間／7:20～9:30
●住所／下田市東本郷1-6-1
●交通／伊豆急行伊豆急下田駅からすぐ　駐車場なし
●問い合わせ／下田市観光協会 ☎0558-22-1531

アジ5本で400円は激安！

浜松市北区

早起きしなくても
午後からのんびり

オーガニック朝市

北欧の家具・雑貨を扱うインテリアショップやカフェなどを展開するドロフィーズが地元の有機栽培農家とコラボ。作り手の顔が見える野菜やお米が並ぶほか、タルトやベーグルも人気。生産者からこだわりや食べ方が聞けるのも楽しい。

DATA

場 所 ドロフィーズインテリア向かい 北欧週末菜園はまころ
開催日 毎月第3日曜
- 時間／13:00～17:00
- 住所／浜松市北区都田町2698-1
- 交通／JR浜松駅からバス「横尾」下車徒歩1分。東名浜松西ICから20分　駐車場なし
- 問い合わせ／都田建設 ☎053-428-2750

浜松市中区

環境にやさしい野菜の
おいしさを実感

浜松オーガニックマーケット

作る人・売る人・買う人の出会いと情報交換の場にしたいとの思いから開催。無農薬・無化学肥料・除草剤不使用栽培に取り組む農家の野菜を中心に、それらを使ったサンドイッチや弁当も販売。体にやさしいオーガニック衣料、雑貨も並ぶ。

陳列にも天然素材の入れ物を使っている

DATA

場 所 ビオ・あつみエピスリー浜松
開催日 毎月第2・第4日曜
- 時間／9:30～14:00
- 住所／浜松市中区砂山町222
- 交通／JR浜松駅から徒歩10分 駐車場あり
- 問い合わせ／浜松有機農業者マーケットの会 ☎053-485-8144

静岡市葵区

今注目のヘルシーな
ヴィーガン朝ごはん

YamYamYam/ Vegan Market《ヤムヤムヤム/ヴィーガンマーケット》

肉や魚だけでなく卵や乳製品など動物性由来の食品も摂らない「ヴィーガン」フードの魅力を伝える。有機野菜やヴィーガンベーグル、天然酵母パン、自家焙煎コーヒーの店などが参加。健康的な朝食を楽しみに来る人も。

焼き菓子やお弁当も販売

DATA

場 所 鷹匠つむらや駐車場
開催日 毎月第2土曜
- 時間／7:00～9:30
- 住所／静岡市葵区鷹匠2-13-17
- 交通／静岡鉄道新静岡駅、日吉町駅から徒歩3分。東名静岡ICから20分　駐車場なし
- 問い合わせ／Mariposa ☎0558-63-0124

これを目当てに出かけたい!

港・直売所・道の駅ごはん

旅行者だけでなく、地元の人でも賑わっている食堂には、
その土地ならではの逸品食材を使った丼、定食など
「また食べたくなる味」が、必ずある。
魚も肉も野菜も、文句なしの鮮度を誇る漁港・直売所の
食堂ならなおさらだ。

数量限定の「ジオ丼定食」1500円。味噌汁、漬物、小鉢付き

DATA

伊東市静海町13-9
☎0557-38-3327
営11:00～15:00(14:00LO)
休火曜、臨時休業あり
交JR伊東駅から徒歩20分。東名沼津ICから60分
P60台

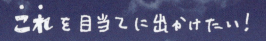

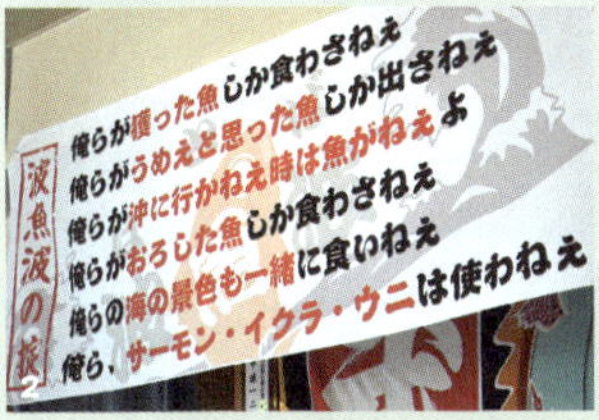

桑原智宏さん

1.刺身盛り合わせにフライも付く「黒潮定食」1850円 **2.**掟には伊東の鮮魚を提供する店としてのプライドが詰まっている **3.**売店にはヒジキやフノリ、カツオ節など手頃なお土産が並ぶ

いとう漁協直営 漁師めしや 波魚波《はとば》の

ジオ丼定食

毎日違う。季節でも違う！丼&定食で地魚三昧

年間6千トン以上の漁獲量を誇る、いとう漁協直営の食堂。富戸の定置網や漁協所属の漁師から仕入れるマダイやキンメ、ヒラメなどのほか四季折々の伊東の地魚が味わえる。

味はいいのに漁獲量が少なかったり、見た目がグロテスクなどの理由で市場に出回らない未利用魚を積極的に使うのもここの魅力。見たことも聞いたこともない魚を味わえるかもしれない。ただし何が食べられるかはその日の水揚げ次第。これもまた楽しい。

平日10食限定の「ハンバーグ定食」1250円。
こぶし大のサイズで食べ応えあり

DATA

富士宮市根原字宝山492-14
☎0554-52-2230
営8:00〜18:00（17:00LO）
※道の駅は18:30まで、12〜2月は18:00まで
休なし
P200台

夏の
「冷やしラーメン」、
秋冬の
「麦とろ定食」も
おいしいよ

1.ボリューム満点の「豚汁定食」580円
2.甘辛ダレがくせになる「肉丼」680円
3.食堂の隣にある直売所も必見

道の駅 朝霧高原の

朝霧ハンバーグ定食

ハンバーグ、豚汁、肉丼…
甘い脂が特徴のヨーグル豚

富士山麓の大地から生まれた野菜や豚肉、牛乳などが並ぶ直売所が人気の道の駅。レストランのお薦めはやわらかな肉質と甘い脂が特徴の朝霧ヨーグル豚だ。朝霧牛と独自の発酵飼料で育てた朝霧ヨーグル豚の合挽肉で作るジューシーな「朝霧ハンバーグ定食」、地元野菜がたっぷり入った「豚汁定食」、バラ肉と根深ネギのバランスが絶妙な「肉丼」。さらに「かつ丼」、「カツカレー」…。デザートにはぜひアイスクリーム工房のソフトクリームを。

1.スルメイカの刺身と漬けが一緒に味わえる「いか様丼」720円。味噌汁のフノリも自慢の一品　2.「ヤリイカ丼」1100円。刺身の甘み、旨みが濃く、醤油なしでもいける　3.西伊豆産テングサで作る「トコロテン」100円　4.イカ漁は駿河湾の好漁場・石花海（せのうみ）で行われる

隣の直売所で
お土産もいろいろ
見てってね

スタッフの
高橋常子さん

伊豆漁協 沖あがり食堂の

いか様丼

刺身はもちろん沖漬けも。甘〜い昼獲りイカ

ユニークな名前と鮮度の良さで人気の「いか様丼」と「イカス丼」。伊豆半島のイカ漁は、船の灯りで誘い出す夜釣りではなく、早朝に出港して一本釣りするのが一般的。これがおいしさの秘密でもある。ストレスがかからないため甘みが強くやわらかいイカが獲れるそうだ。季節でも味は異なり夏のスルメイカと秋冬のヤリイカは、それぞれ違うおいしさが楽しめる。

DATA
賀茂郡西伊豆町仁科980-8
☎0558-52-0018
営11:00〜15:00
※直売所8:00〜16:00　休火曜
交伊豆箱根鉄道修善寺駅からバス「沢田」下車徒歩4分。東名沼津ICから130分
P10台

4

3

2

右が活アジ、
左が熟成アジ
1

1.数量限定の「二食感活あじ丼」980円。味噌汁、漬物、小鉢付き **2.**お土産にはアジやサバの干物を **3.**海のいけすから調理場へ **4.**不動の人気を誇る「活あじフライ定食」880円

いつも満席で
ごめんなさい。
14時過ぎが
狙い目です

店長の
土屋真美さん

沼津内浦漁協直営 いけすやの

二食感活あじ丼

これが地元の逸品食材
内浦のアジ

日本一の極上肉厚アジを締めたてと熟成で食べ比べ

アジの養殖生産量日本一の内浦。店前の内浦湾のいけすで育つアジは、海流にもまれ、適度に脂がのった肉厚で身の締まったアジに成長する。人気は二種類のアジの食べ比べができる「二食感活あじ丼」。プリプリ食感の締めたて活アジと、やわらかく旨みを増した熟成アジ。あなたの好みはどっち？

DATA

沼津市内浦小海30-103
☎055-943-2223
営11:00～15:00
※物販9:00～16:00
休水曜（祝日営業、翌日休み）
交JR沼津駅からバス「内浦」下車徒歩5分。伊豆中央道長岡北ICから10分 P約50台

1

2

3

1.「遠州夢咲牛ハヤシライス」1500円　2.御前崎産シラス入り「シラスソフト」400円。シラスの塩気が程よいアクセントに　3.ジューシーな「遠州黒豚カツレツライス」1200円

遠州夢咲牛は
脂に旨みがあって
煮込みに
ぴったりです

これが地元の逸品食材
遠州夢咲牛

道の駅 風のマルシェ御前崎
キッチン御前崎の
遠州夢咲牛ハヤシライス

ブランド牛を
じっくり煮込んだ逸品

遠州夢咲牛のスネ肉と肩ロースの首に近い部分の肉がゴロゴロ入ったハヤシライスはボリューム満点。開店当初からの看板メニューだ。

チーズ入りのパン粉をまぶした遠州黒豚をフライパンで焼いた後、黒豚入りのトマトソースをかけたカツレツライスも、引けを取らない人気メニュー。もちろん野菜も地元産で、御前崎の恵みを存分に味わえる。

DATA
御前崎市合戸字海岸4384-1
☎0537-29-7511
営9:00～18:30（18:00LO）
休なし
交東名菊川IC、相良牧之原ICから30分
P97台

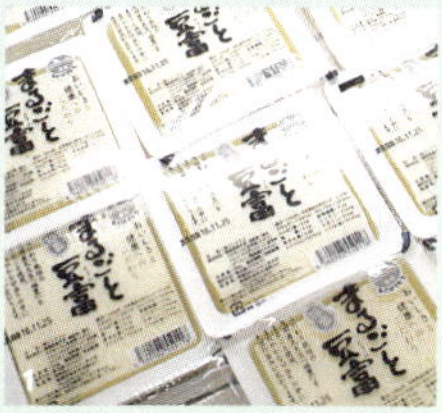

1.パック入り「まるごと豆富」は直売所「おかって市場」で購入できる　2.おからを出さない特殊な製法で豆富、豆乳を製造　3.あんかけ、茶碗蒸し、厚揚げ、白和え、スープなどが並ぶ「まるごと豆富づくし」1500円　4.新鮮野菜の「サラダバイキング」はプラス400円

農家風健康ダイニング
あぐりレストラン陽だまりの

まるごと豆富づくし

浅羽産大豆フクユタカの極上豆富を召し上がれ

地産地消のバイキング店が2016年夏、定食主体のスタイルにリニューアル。

地元農家の米や大豆、野菜も可能な限り地元産を使うポリシーはそのままに、自社製造の「まるごと豆富」を使ったメニューを開発した。

豆富ステーキ、地元産の鶏卵で作る豆乳茶碗蒸し、香り高い寄せ豆富、豆乳和風スープなど、女性にうれしい豆富料理が好評だ。

DATA

袋井市浅岡447どんどこあさば内
☎0538-23-8918
営11:00～14:30(14:00LO)、18:00～21:00(20:30LO)
※夜の部は土･日曜のみ　休なし
交東名袋井ICから12分。JR袋井駅から車で10分　Pあり

秘伝の甘辛ダレ
が美味！

1.「うな重　竹」2600円。梅2300円、うなぎが2段になる松3200円、上3700円は安い！　2.うなぎ弁当「家康」2300円と「直虎」1800円　3.モンドセレクション2016で金賞受賞の「長白焼き（真空パック）」1900円　4.EKIMACHI WEST店は8：00～21：00の営業で無休

酒のアテに
白焼きはいかが？

お土産に
ぴったり

これが地元の逸品食材

浜名湖うなぎ

浜名湖養魚漁協直営
浜名湖うなぎ丸浜の
うな重 竹

丸ごと一匹、肝吸い付き
本場の味をお手頃価格で堪能

「うな丼ランチ」（平日限定・うなぎ半身）が1680円からという安さと、浜松駅直結という立地で連日大盛況の組合直営店。肉厚で脂がのった浜名湖うなぎを、関東風に蒸してから焼き上げた蒲焼はふんわりした食感。甘辛いタレの染みたご飯がたまらない。駅構内のEKIMACHIにも直営店があり、浜松ゆかりの名将の名を冠したうなぎ弁当「家康」、「直虎」が人気。

DATA
浜松市中区砂山町322-4
ビックカメラ館
☎053-454-2032
営11:00～20:00LO
休不定休
交JR浜松駅から徒歩1分
Pなし

1.「ロースかつ定食」小100g1000円～※ご飯・豚汁・キャベツ・ソーセージ・コーヒーのお替わり自由。サラダ・小鉢・漬物付き　**2.**農家レストランではとんかつ、ハンバーグなどのほか地元野菜を使った和惣菜も好評　**3.**ミートレストランの1階に直売所がある

とんきい牧場・ミートレストランとんきいの

ロースかつ定食

ジューシーで旨みが深い！
牧場直営豚肉レストラン

とんきい牧場で飼育される静岡型銘柄豚「浜名湖そだち」は、自家配合の無添加飼料で育てる安心・安全な豚肉。そのおいしさを存分に味わえるのが、直営のミートレストランとんきいだ。とんかつ、しゃぶしゃぶ、骨付きロースカツなど贅沢なメニューが揃う。バイキングスタイルの農家レストラン、精肉やソーセージが買える直売所も併設している。

DATA

浜松市北区細江町中川1190-1
☎053-522-2969
営11:00～15:00(14:00LO)、17:00～22:00(20:00LO)※農家レストラン/11:00～15:00(14:00LO)、17:00～21:30(20:00LO)平日はランチ営業のみ、直売所/10:00～19:00
休水曜※臨時休業あり
交新東名いなさICから30分　P70台

産直市場・直売所

野菜

畑から直送の朝採れ野菜を食べて
まず驚くのは味の濃さ。
野菜ってこんなにおいしいんだと実感する。
なにより生産者の顔が見えるから安心だ。

夏においしい朝霧大根

標高900mの高冷地で育つためやわらかく甘いのが特徴。生産者の佐野むつみさんが太鼓判を押す朝霧大根はここでしか手に入らない。丸々と太いのがおいしいとのこと。

行列も今や名物！ 県内最大級の直売所

JA富士宮 ファーマーズマーケット う宮～な《うみゃ～な》

　「旨い」がなまった「うみゃ～」と、「菜っ葉」の「な」をとって「う宮～な」。富士山麓の豊かな土壌で育った農畜産物やその加工品など2万種類を超える商品を扱う。通年収穫できるキュウリやトマトのほか、春はタケノコ、夏は落花生やトウモロコシ、秋はギンナンやイモ類、冬はキャベツやハクサイなど、その季節にしか登場しない旬野菜も豊富。中でも心待ちにしている人が多いのは8～10月に旬を迎える「ジャンボ落花生」。塩茹でし食べるのが地元流だ。

　酪農や畜産が盛んな地域なので、新鮮な牛乳はもちろん、富士宮ブランドの豚肉や鶏肉もお買い得。農家のお母さんたちお手製の惣菜や餅、饅頭、ここでしか食べられない「落花生ソフト」も人気だ。

野菜ジャムと
百花蜜のハチミツ

サツマイモやトマト、ショウガなど野菜を使ったジャム（540円～）が豊富。富士宮で採れる百花蜜のハチミツ「国産純粋蜂蜜」は1600円。

県外客も多く、最近は大阪や東京からの大型観光バスも立ち寄る

DATA

富士宮市外神123
☎0544-59-2022
営8:30～17:00　休火曜
交JR富士宮駅からバス「外神」下車徒歩3分。新東名新富士ICから15分
P400台

ジャンボからしなすまで。さすが落花生の本場

1kgのネット入り生落花生はジャンボのほか中粒も人気。贈答用に買う人も多い自慢の産品だ。未成熟の落花生「しなす」が手に入るのは産地ならではで、皮がやわらかいため塩茹で後に皮ごと食べてもOK。しなすは中粒ネットに紛れていることが多いので、探してみよう。

「ゆで落花生」324円を買って、帰り道のおやつに

昔ながらの菓子「富士のまめ板」。地元民の落花生愛は止まらない

「う宮っぴ～」は冷凍茹で落花生。自宅で手軽に楽しめる

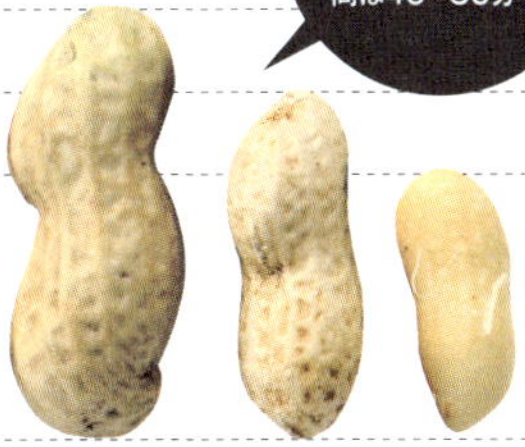

左からジャンボ、中粒、しなす。ジャンボの大きさは、日頃よく目にする中粒の約2倍。茹で時間は40～50分

絹のようにしっとり。木綿豆腐

5時間かけてじっくり絞るので、木綿豆腐でも中はふわっとした絹豆腐のような食感。「温めて湯豆腐のようにすると、出来たてのおいしさが味わえるよ」と教えてくれた。「湧玉・小」216円。

「落花生ソフトクリーム」発見！

入り口近くにある軽食スタンド「ゆずあん」。看板メニューは富士宮産落花生のペーストを使ったソフトクリーム。口に広がる落花生の風味は感動ものだ。珍しいメープルコーンとの相性もよく、落花生形をした最中ですくって食べてもいい。

「落花生ソフトクリーム」300円

私のイチオシは「セレ豚」。まずは焼いて食べてみてください

名前も個性的！
「セレ豚《ブー》」、「LYB《ルイビ》豚《ぶた》」、「朝霧ヨーグル豚《トン》」

ミートコーナーの充実ぶりは自慢のひとつ。赤身が多く噛めば噛むほど旨みが出ると評判の新品種「セレ豚」や、肉質がやわらかくジューシーな「LYB豚」、脂の甘さが魅力の銘柄豚「朝霧ヨーグル豚」、富士山の伏流水を飲んで育った「富士の鶏」など、鮮度抜群のご当地精肉、加工品が並ぶ。

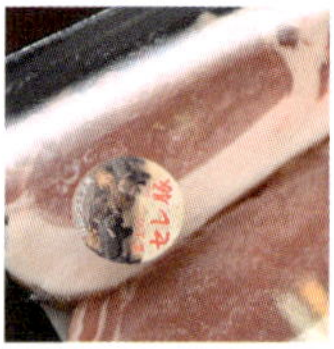

トンテキ、とんかつにぴったりの厚切り「セレ豚ロース切身」100g428円。生姜焼き用の薄切りもある

「LYB豚ローススライス」100g318円。肩ロース、バラ肉もお手頃

臭みがまったくないのが「富士の鶏」の魅力。「富士の鶏すきみ肉」100g82円

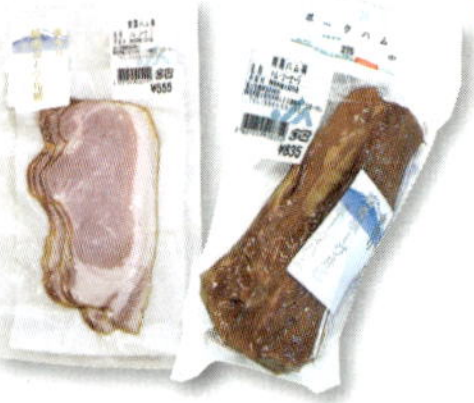

「朝霧ヨーグル豚ローススライス」100g258円。朝霧ヨーグル豚はロースハムなどの加工品も人気

濃厚な牛乳&チーズケーキ

牧場直送の牛乳は鮮度はもちろん濃厚な味わいが魅力。生乳100%で作るチーズケーキは、「う宮～な」のオリジナルスイーツ。お土産にぴったりだ。

「あさぎり牛乳」381円、「朝霧牧舎おいしい牛乳」223円

「う宮～なのチーズケーキ」880円

出来たておにぎり&お好み焼きが大人気

農家のお母さんたちがその日収穫した食材を持ち寄って手作りする惣菜が並ぶ「JA女性部コーナー」。落花生と炊く赤飯、独特な酢の香りと半熟の黄身が絶妙な「酢たまご」は特にファンが多い。

ほかにも生産者が作るモチモチ食感の黒米おにぎりや惣菜も好評で、肉かす入りのお好み焼きは近くの「はなや」特製。すぐ売り切れるため1日に4～5回納品されるスーパーご当地グルメだ。

「金時落花生のお赤飯」220円

「酢たまご」2個100円

「黒米のおにぎりセット」200円

私たちが毎朝作っています

知っ得MEMO

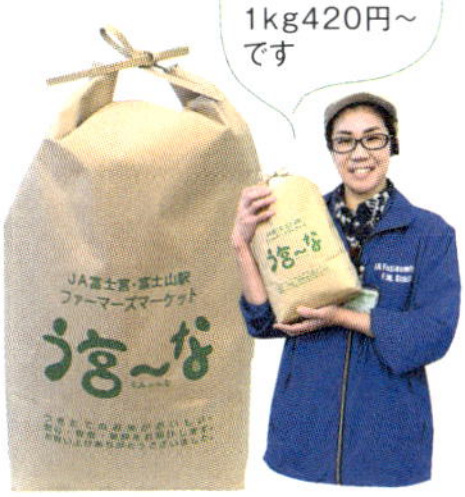

分つき具合が選べる 富士宮産 「う宮米《うみゃ～こめ》」×ブランド卵

「う宮米」は玄米の状態で販売。その場で3分、5分、7分、白米、上白の5段階から好みの割合で精米してもらえる。玄米を炊く時は炊き上がり後コップ1杯の水をかけて蒸らすとおいしく出来上がるそうだ。そしてごはんのお供にお薦めしたいのが卵。「う宮～な」は飼育法やエサを工夫したブランド卵が多彩。卵かけごはん専用の「富士の名月」も好評だ。

「富士の名月」350円

伊豆の国市

大仁まごころ市場《おおひとまごころいちば》

開店5分で空っぽになる陳列棚が続出

土日はもちろん平日でも開店30分以上前からできる行列。待ちきれない客の手にはすでに買物かごが用意され、オープンと同時に店内は一気に人であふれかえる。

地元・伊豆の国市をはじめ、伊豆市や伊東市など近隣の生産者が毎朝、収穫したばかりの自慢の野菜や果実を自ら並べる。だから鮮度の良さは折り紙付きで、エコファーマーの農産物にも力を入れている。客の9割がリピーターで、商品に記された生産者を見て指名買いする人が多いのも、ここならではの特色。開店から1時間で品薄になる商品も多いので、やはり開店前に並ぶのが確実だ。

DATA

伊豆の国市田原野440-4
☎0558-75-4580
営9:00〜16:00、食堂11:00〜14:00
休第1･3木曜
交伊豆箱根鉄道修善寺駅からバス「さつきヶ丘公園」下車すぐ。東名沼津ICから35分
P70台

伊東から週1回通っています。とにかく野菜が甘くておいしい！鮮度がいいから持ちもいいんです

指名買いのススメ

生産者の掲示板には「美味しかった人の名前を覚えて下さい」の文字が

5分後…

驚異の売れ行き

新鮮な葉付き大根は開店5分で残り1本に！

250円～
（生産者や大きさによって異なる）

田中山地区の風土がおいしさを作る人気のたくあん。11月から新漬けが並ぶ

葉もの野菜は毎日、イモ類は木曜が買いどき！

葉ものは毎日売り切りで、イモ類は木曜に新しいものが入荷する。特にサトイモは土垂（どだれ）、八つ頭（やつがしら）、タケノコイモ、エビイモなど種類が多い。

10kg2900円～

生産農家の直出し米

農家ごとに販売する単一農家米なので好みの味を指名買いする人が多い。

「ズガニ」
1袋1000円

ズガニは10～12月限定

半分に割って味噌汁に、身を潰してうどんのつけ汁に。茹でてそのまま食べても美味。

知る人ぞ知るうどんの名店営業中！

「ぶっかけ」
650円

併設するまごころ食堂の自家製うどん

名物は、細めながらコシがある自家製麺のうどん。

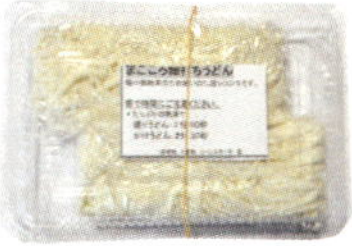

「うどん生麺」
2人前300円

つるんとしたのどごしが自慢です

「田中山スイカ」
1900円（4L）

田中山スイカは糖度11度以上のみ！

ブランドとして知られる「田中山スイカ」は7月初旬～8月15日頃まで。

掛川市

イチゴ狩りも楽しめる、お楽しみいっぱいのマーケット

大須賀物産センター 観光農園 サンサンファーム

サンサンファーム

地元大須賀地区と近隣市町の会員農家が栽培した農産物や加工品が毎朝出品される直売所「愛菜市」（あいさいいち）。地元で評判の醤油店、和菓子店、飲食店などの看板商品を販売する「物産館」。イチゴ狩りが楽しめる「観光農園」。この3つを併設するのがほかの直売所とは違う最大の魅力。観光客も多く訪れ、特に土・日曜の直売所は開店と同時に大盛況。朝採れ野菜は1〜2時間で完売となるものもある。

春はキャベツやタケノコ、夏はスイカ、トウモロコシ、キュウリ、トマト、葉ショウガ、秋はサトイモ、サツマイモ、自然薯、冬は干しイモやミカンがお薦め。くれぐれも早めの来店が吉だ。

砂地で育つ細長いスイカ

この界隈で育つスイカは皮が薄くて甘みが強い「姫まくら」と、果肉がオレンジ色の「サマーオレンジ」。最盛期の週末は店先で「スイカまつり」が開かれる。

試食OKなので
まずは味見を

「姫まくら」
650円くらい〜

「サマーオレンジ」
700円くらい〜

DATA

掛川市大渕1456-312
☎0537-48-6368
営9:00〜17:00　休木曜
（祝日営業、振替休業あり）
交JR袋井駅からバス「野賀」下車徒歩15分。東名掛川ICから20分　P51台

「メダカ」
300円

「タナゴ」
300円

「浮草
セット」
100円

カップの中身はメダカ!?

カップ入りのメダカを発見! 実は売れ筋でタナゴと浮草セットも販売。

「ゴールドラッシュ」
1袋300~450円

甘~い黄金コーン

夏の人気ナンバー1をスイカと争うトウモロコシ。注目は粒皮がやわらかくさわやかな甘みが魅力の「ゴールドラッシュ」。

物産館でお土産探し。第1候補はやっぱりメロン!

「アールスメロン」2玉入り3400円

夏に出荷されるアールスメロン

ビニールハウスで栽培する遠州産の高級マスクメロンで、温室メロンより手軽に買えるのが魅力。

「マクワウリ」
1袋400円

昔懐かしいほのかな甘さ

スーパーではあまり見ないマクワウリ。冷やして種を取り、皮をむいて食べる。昭和生まれには懐かしい味。

軽食コーナー名物

静岡県産マスクメロンがたっぷり「メロン生ジュース」350円

「特撰いいす」330円、「かめぽん」(ぽん酢醤油)240円、「栄醤油」583円、「沖ちゃん塩」810円

大須賀が誇るさしすせそ

売り切れ必至の甘蔗糖「よこすか・しろ」、ミネラル豊富な「沖ちゃん塩」、酒粕を原料とする「飯田酢造店」の天然醸造酢、じっくり時間をかけて造る「栄醤油醸造」の醤油などが揃う。

12月~翌5月の期間限定イチゴ狩り

併設のイチゴハウスで楽しめるイチゴ狩りは40分食べ放題。小学生以上1200円~(時期によって異なる)要予約。

塩サイダー!?

遠州灘の海水から作った天然塩入り!

「遠州塩サイダー」
190円

浜松市東区

注目はプロ御用達の西洋野菜&玄人野菜

JAとぴあ浜松 ファーマーズマーケット東店《ファーマーズマーケットひがしてん》

イチオシはセルリーやエシャレットなどの西洋野菜。曜日限定で珍しい野菜が並ぶ「玄人野菜コーナー」も設置され、プロの料理人も買い出しに来るそう。野菜ソムリエがいるのも特徴で、意外な調理法を実際に味わえる「野菜ソムリエ試食会」を月に1回程度開催している。

野菜を使った惣菜のファンも多く、料理自慢のJA女性部が毎朝手作りする「フレッシュ恵キッチン」は大盛況。「肉じゃが」や「野菜天ぷら」といったおふくろの味はもちろん、新鮮野菜たっぷりの各種お弁当も揃う。

家庭菜園に良さそうな野菜の苗なども買える

秋から冬は柿やミカンも充実。「次郎柿ジャム」は隠れた逸品

DATA

浜松市東区貴平町655-1
☎053-433-0300
営9:00～18:00
休12月31日～1月4日
交東名浜松ICから5分　P150台

野菜ソムリエお薦め！洋菜コレクション

食べ方がわからない珍しい野菜や目新しい食材も、野菜ソムリエがいるから安心。「野菜ソムリエ試食会」の日時は店内入り口のPOPで告知する。詳細は問い合わせを。

◀サラダが一般的な「エンダイブ」は、天ぷらにするとほろ苦く美味

▲冬期の「セルリー」生産量は全国トップクラス。葉は捨てず佃煮に

▲生でおいしい小ぶりの白菜「娃々菜（わわさい）」

◀歯応えのいい「ロメインレタス」は煮物、炒物、スープと万能！

いろんな野菜を食べ比べてみて！

野菜ソムリエの大谷てる子さん

「仕出し弁当」の一例

ご当地グルメのお好み焼き「遠州焼き」200円はたくあん入り

「お宝袋」230円

「お煮しめ」280円

お弁当の食材やメニューのリクエストも相談ください！

売切れ御免！フレッシュ恵（めぐ）キッチン

旬の食材をふんだんに使った季節感あふれる惣菜が評判。「仕出し弁当」の配達も気軽に問い合せを。

玄人《くろうと》野菜コーナーも要チェック

毎週火・水・木曜限定コーナー。のぼりを目印に売り場を探して。

▶千切りを生または炒めてもおいしい「青パパイヤ」

◀「クレソン」は茹でてマヨネーズ、醤油、おかかで和えておひたしに。鍋の具材にも

▼鮮やかな紅色の「紅芯大根」は辛みが少ない

DATA

伊東市玖須美元和田715-26
☎0557-44-5050
営9:00～18:00
休第3火曜※臨時休業あり
交伊豆急行川奈駅から徒歩20分。東名沼津ICから75分
P72台

伊東市

JAあいら伊豆 いで湯っこ市場《いでゆっこいちば》

一年中いろいろなミカンが登場。苗木や切り花も充実

9月の極早生ミカンから、冬の温州ミカン、春先のはるみ、きよみ、黄金柑、初夏のニューサマーオレンジまで、真夏以外は一年中柑橘類が揃う。ダイダイの加工品はスイーツ、ドレッシング、サイダーと多彩。もちろん地元産の野菜も充実し、特徴や食べ方を教えてくれる食育ソムリエが常駐しているのも頼もしい。

市内の植木店13軒が共同出店する花と緑のコーナーにも常に植木職人がいるので、何でも相談して。

季節の美味満載

春はフキノトウやワラビ、秋はマコモダケ、冬はアロエベラなど珍品にも注目。

8月中旬～10月末はイチジク、10月中旬～11月はレインボーレッドが旬を迎える

「マコモダケ」280～320円は素焼き、天ぷら、炒め物に

鑑賞用から食用まで

園芸コーナーにはミカンの苗木から切り花、花の苗まで揃う。

人気パン店「山茶花」の惣菜パン190円～

老舗豆腐店「吉正」の「ざる豆腐」388円

「ダイダイゼリー」495円

香りが魅力のダイダイオールスターズ

酒、ジャム、ゼリー、まんじゅう…。気になるものばかり！

伊豆の国市

スイカに続く新名物「黒にんにく」が今熱い！

グリーンプラザ伊豆の国《グリーンプラザいずのくに》

延べ360人にも及ぶ近隣の生産者が、四季折々の野菜を持ち寄る直売所。中でも注目は地元ブランドの「田中山スイカ」で、これを目当てに訪れる客も多い。秋冬はダイコン、ハクサイ、栗、自然著などが並び、通年揃うシイタケやワサビ漬けも好評。2015年5月にデビューした、韮山直売所組合で加工している「黒にんにく」は人気急上昇中の注目アイテム。地場野菜を買い求めるなら昼前が狙い目だ。

1玉1000円くらい～

夏の人気者！

スイカの産地旧大仁町の田中山は日中と夜間との温度差があり甘みの強いスイカが育つ。

安さも魅力!「ちらし寿司」360円

売り切れ必至のちらし寿司

甘めの酢飯に卵と肉のそぼろがのったちらし寿司は地元の定番。ランチに食べたい。

DATA

伊豆の国市韮山山木54-3
☎055-949-0055
営9:00～18:00※9～3月は17:00まで 休12月31日～1月3日、2·8月の月末2日間
交伊豆箱根鉄道韮山駅から徒歩20分。東名沼津ICから20分 P100台

野菜作りの強い味方

隣接の「資材館」では家庭菜園に欠かせない土や種から農業用品まで幅広く販売。育て方も教えてくれる。

原木シイタケ

売り切れ必至のシイタケ。10月～翌2月にかけて登場する原木シイタケは特に味が濃く、香りも高い。

「シイタケ」
500円

「黒にんにく」
(1パック100g)
680円

老化防止、疲労回復効果に期待

生ニンニクを高温・高湿で熟成させて作る「黒にんにく」。刻んで料理に使うほか、皮をむいてそのまま食べてもOK。

静岡市駿河区

全国のファーマーズマーケットのお手本!?

JA静岡市ファーマーズマーケット 南部じまん市《なんぶじまんいち》

売場面積、来客数、売り上げともに市内のじまん市でナンバー1。1坪あたりの売上高は全国のファーマーズマーケットの中でもトップクラスで、各地から視察が来るという。市場に出回っていない新しい野菜も積極的に店頭に並べ、特徴やレシピを書いたPOPが目を引く。

夏のモモ、秋のイチジク、冬から春のミカン、イチゴと季節の果物を心待ちにする人も多い。週に5日は用宗港直送のシラスが入荷するのもお楽しみ。

持ちの良さが評判のバラからバジルまで

全国有数のバラ産地だけに価格が手頃。年間を通して野菜や花の苗も充実している。

静岡市生まれのスルガエレガント

じまん市ブランドのオリジナル商品も必見。ジュース、ゼリー、ジャムは特に人気。

「すーちゃんのストレートジュース」980円

日本一早く出荷される久能産の葉生姜

品数は5つのじまん市で最多

女性加工部手作りの弁当、惣菜、パンも豊富。

DATA

静岡市駿河区曲金5-4-70
☎054-203-4118
営9:00~18:00　休なし
交JR静岡駅からバス「済生会病院前」下車すぐ。東名静岡ICから20分　P117台

隣接の和食処「はしもと」では地元野菜を使った料理が楽しめる

甘くておいしい
白ネギ、
ぜひ食べてみてね
白ねぎ
レジコーナー

DATA

磐田市下神増1148
☎0539-63-0255
営9:00～17:00
休火曜
交新東名浜松浜北ICから15分
P100台

磐田市

とよおか採れたて元気村《とよおかとれたてげんきむら》

日本一のエビイモと献上米。知る人ぞ知る逸品揃い

関東や関西の料亭では欠かせない「エビイモ」。実は磐田市は全国シェア80%を誇る一大産地で、砂地の豊岡地区で栽培したものは肌が美しいと特に評価が高い。そんな高級食材を、10月から2月にかけて、産地ならではの手頃な価格で買えるのがここ。温暖な気候と風土に恵まれた豊岡地区にはほかにも、皇室献上品の敷地米や春夏の赤シソ、トウモロコシなど名物がいろいろ。一年を通じて鮮度抜群の地場産品が手に入る。

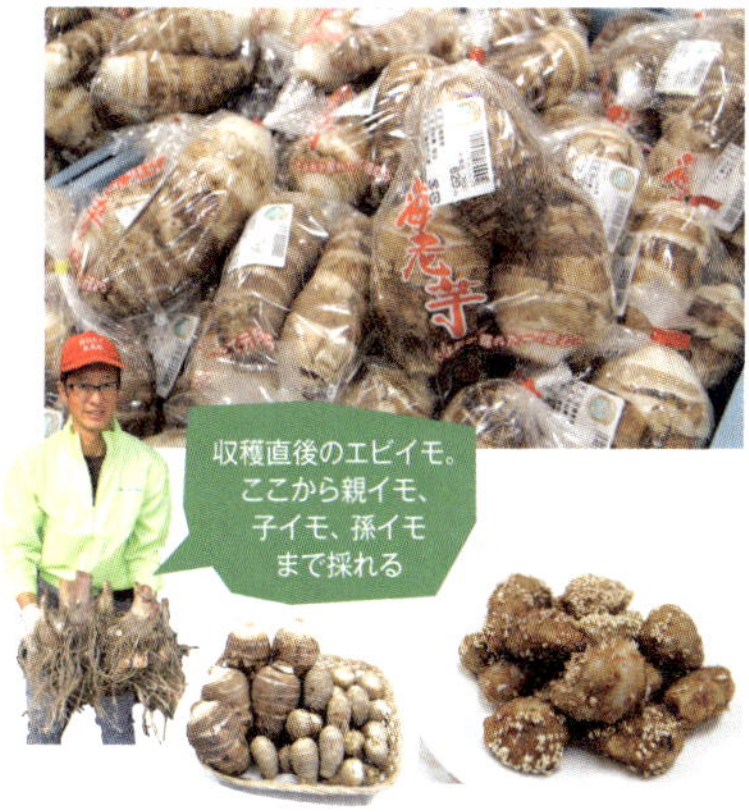
収穫直後のエビイモ。
ここから親イモ、
子イモ、孫イモ
まで採れる
海老芋

しま模様がエビに似ている「エビイモ」

さすが産地の強み。小ぶりなら1袋（600g入り）210円から。小さな孫イモは煮っころがしがお薦め。

白ねぎ

朝採れ野菜は早い者勝ち

上品な甘さとやわらかさが特色の敷地産次郎柿をはじめ、白ネギ、マコモダケなどが市場より割安。午前中に完売することも。

コロッケはいかが?

デパ地下でおなじみの神戸屋コロッケ。実は磐田に工場があり、元気村にも常設。

あったら即買い!

地元産マスクメロンを使ったロールケーキやブッセは売り切れ必至の一品。サンドイッチ、ようかん、手作り梅干しなど加工品も充実している。

「まぐろ街道」にはカマや頭、尾、目玉などの部位も並ぶ

「カネトモ2号店」の「本鮪鉄火丼」1000円

焼津市

早朝はプロ限定。9時からは一般客大歓迎

焼津さかなセンター《やいづさかなセンター》

焼津市が誇る3大港、焼津港・小川港・大井川港に水揚げされた海の幸が運ばれてくる市場。早朝は仲買人や飲食店のプロ限定だが、9時からは一般開放。マグロやカツオなどはもちろん、水産加工品からウナギ・菓子・緑茶などまで60もの専門店が集まる。焼津の魚と静岡の名産品を買うならココ!と、年間170万人が訪れる。

センター棟の西側にある「まぐろ街道」は対面式のマグロ専門店が軒を連ねる一番の人気スポット。鮮度自慢の寿司や丼が食べられる店も点在し、活気あふれる雰囲気に財布の紐が緩みっぱなしになるのも仕方ない。鮮魚や貝、干物、シラスやサクラエビの店もある。

DATA

焼津市八楠4-13-7
☎0120-82-1137
営9:00〜17:00※さかな大食堂渚10:00〜16:00、土・日曜、祝日は16:30まで
休水曜は約30店が休業
交JR焼津駅から車で5分。東名焼津ICから1分　P600台

「鮪三昧Sセット」1150円

マグロひと筋124年！

創業明治23年の老舗「カネトモ」は地中海の本マグロ・南マグロを船ごと買い付け全国へ出荷。手頃な赤身から、天然の大トロまで揃う。2号店では寿司や丼も販売。

休憩スペースがあるので購入した寿司や惣菜を食べてもいい

進物用からキズものまで

「マルモ望月海苔店」はコスパの高い専門店。「乾のり」は焼いていない昔ながらの海苔。シャリシャリした食感がおにぎりにぴったり。

食べて買って、海の幸三昧

丼の中に富士山?!

「いきいきさかな大食堂　渚」は千人が入る大食堂。ネギトロの上に釜揚げシラスをのせて富士山に見立てた「焼津富士山丼」が人気。

照り焼きのツナリブ

「ツナリブ」とはマグロのカマのことで「秀和水産」のツナはタレが甘すぎず、辛党からも好評。食べる分だけレンジで温め、残りは冷蔵してもOK。

専門店ならではの食べくらべ

マグロ専門店「やま本」の直営店「てっか丼 山もと」。お薦めはミナミマグロの赤身、トンボマグロ、南マグロの大トロ、ネギトロがのった「まぐろ食べくらべ丼」。

揚げたてアツアツを召し上がれ

創業90年余の老舗さつま揚げ店「はの字」。串揚げやふわふわのしんじょ（各200円～）は、食べ歩きやお土産にぴったり。期間限定品も要チェック！

発見！ここでしか買えないニューフェース

「トマトにあうカツオ」650円、「ヤイヅマグロジャーキー」400円（左奥）、「おもわずごはんにぶっかけたくなるいか」620円（右奥）

新感覚！トマトにあうカツオ

「イリタ清水商店」のお薦めは、オリーブオイルと酢でマリネしたなまり節「トマトにあうカツオ」。マスタードやレッドペッパーが効き、スライストマトにのせればワインにぴったり。

「焼津ツナカレーパン」1個200円

カツオだしが美味！ツナのカレーパン

2016年秋にオープンした「焼津の半次ツナカレーパン」。中にはカツオだしが効いたツナ入り和風カレーがたっぷり。揚げたてのアツアツ&カリカリをGETしたい。

「魚河岸バーニャカウダ」850円、「しらすのソットオーリオ」900円、カツオとマグロの「にんにく味噌」各700円

カツオの塩辛入りのバーニャカウダ

店先で生ガキが食べられる「スマル水産」のオリジナル珍味で、カツオのバーニャカウダはリピーター続出。タマネギ香る「しらすのソットオーリオ」は、パスタやサラダに使えそう。

昭和の菓子が卸値で買える?!

さかなセンターには昭和の香り漂う菓子が山積みされた店「ツジタ」も。宝探し気分で懐かしいおみくじガムや静岡生まれの菓子を大人買いするのも楽しい。

知っ得MEMO

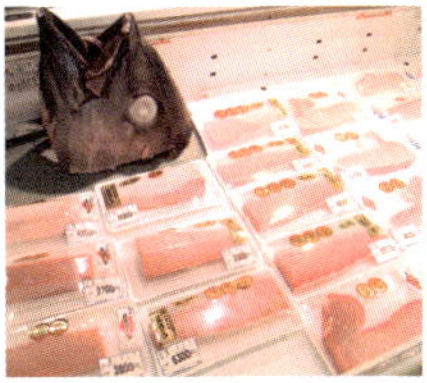

約200gのサクを解凍する場合です

プロ直伝「冷凍マグロ"急速"解凍法」

「冷凍マグロはドリップ（解凍時に出る水分）が出ないように急速解凍が基本！」と話すマグロ専門店カネトモの店長・小長谷さん。そこで教えてもらったのが「温塩水」による解凍方法だ。冷凍マグロは購入後2週間ぐらいをめどに食べ切ろう。

① サクをトレーから取り出し、表面をサッと洗う。
② ①を温塩水（40℃の温水1リットルに塩大さじ2）に、1〜2分浸す。
③ 温塩水からマグロを取り出し、キチンペーパーで水気をよく取る。
④ サクを皿にのせ冷蔵庫に1〜2時間置き、完全解凍する。

味噌汁も
絶品だよ
刺身、ボイル、
焼いてもおいしいよ〜

南伊豆町

イセエビ、アワビ、キンメダイ! 海鮮ＢＢＱも楽しめる

伊豆漁協《いずぎょきょう》 南伊豆支所直売所《みなみいずししょちょくばいじょ》

南伊豆町は全国有数の漁獲量を誇るイセエビの町で、漁協直売所なら鮮度の高い活イセエビが手頃に手に入る。いけすには元気に跳ねるイセエビや大ぶりのアワビが出番を待ってスタンバイ。店内にはほかにもその日水揚げされた多彩な魚介類がずらりと並び、それを目当てに料理人が仕入れに来る。品質の良さはプロのお墨付きというわけだ。

お楽しみは2階屋上のバーベキューコーナー。炭代1人500円で、購入した魚介を自由に焼いて楽しめる。行き交う漁船を眺めながら味わう海の恵みは格別だ。ヒジキやテングサなどの乾物や加工品、自家製干物が並ぶ土産物店も併設している。

イセエビの蓄養場

「カット伊勢海老」1080円

活イセエビは1kg6300円から

漁期は9月中旬から翌5月中旬だが蓄養場があるので漁期以外も購入OK。

DATA

賀茂郡南伊豆町手石877-17
☎0558-62-2804
営8:30〜16:30
休なし 交伊豆急行伊豆急下田駅からバス「水産センター」下車すぐ。東名沼津ICから160分 P10台

さざえ1kg
1800円～

高級魚介勢揃い

キンメ1kg4000円～

干物やフノリなどお土産コーナーも充実

「温泉あわび」!?

塩分濃度の高い南伊豆の温泉がアワビの生育にどう影響するか、温泉入り水槽に稚貝を入れて実験中。

防空壕をいけすに活用

魚介の安定供給のために予備いけすを設けている。※一般公開なし

海の絶景が
待っている

4～11月には海鮮BBQも

予約なしでOKのバーベキューコーナーは4月から11月の営業（10：00～15：00）。道具類は一切不要。景色もごちそうだ。

「地金目鯛ひもの」
3000円

やっぱり一番人気はキンメ

干物はもちろん注目は「金目鯛味噌漬け」。ごはんはもちろん、酒の肴にしても絶品だ。

「さらし天草」
50g350円

「ふのり」
18g360円

「金目鯛味噌漬け」
1080円

DATA

静岡市清水区島崎町149
☎054-355-3575
営10:00~18:00 ※まぐろ館は10:00~22:00 休水曜（祝日営業、翌日休み）※まぐろ館は水曜または無休（店により異なる）
交JR清水駅から徒歩5分。東名清水ICから10分
P200台

静岡市清水区

清水魚市場《しみずうおいちば》 河岸の市《かしのいち》

「いちば館」で買い物後は、「まぐろ館」で舌鼓

「いちば館」には鮮魚店、海産物店、食堂がずらりと並び、仲買人がプロの確かな目で選んだ魚介類を一般客に直接販売。清水港が日本一の水揚げを誇るマグロはもちろん、シラスやサクラエビなど駿河湾で獲れたばかりの「しずまえ鮮魚」も豊富。威勢のいい声が飛び交う中、魚のプロにおいしい食べ方を教えてもらえるのも魚市場ならでは。ここへ来たらぜひあれこれ聞いてコミュニケーションを楽しもう。歩き疲れたら海を眺めて休憩するだけで、気分もリフレッシュできる。

隣接する「まぐろ館」には魚料理の店が15軒。寿司、丼、定食などメニューは店ごとに個性豊か。どれにしようか悩むのも楽しい。

今日は清水沖のノドグロがお薦めだよ~

タチウオは釣りたて。刺身OK!

鮮魚の多さはピカイチ

地元を中心に全国各地の魚介類も扱う「魚彩」。クロムツ、ノドグロなどの「しずまえ鮮魚」は、今朝釣れたばかりのもの。

マグロやしずまえ鮮魚が揃う「清水の台所」

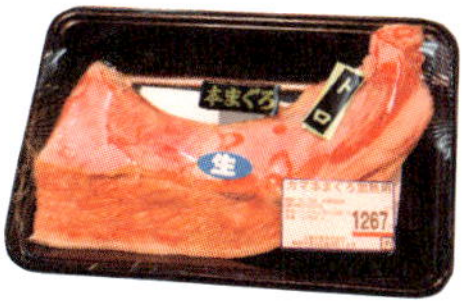

心臓、ホホ肉など希少部位も

マグロ専門店「丸兼水産」には、バチマグロ、ホンマグロ、ビンチョウマグロが常時揃う。脂がのったカマやハラモは塩をふって焼くだけで美味。

「上小町」620円

今日のバチマグロは特上品だよ

赤身・中トロ寿司に注目

社長自ら買い付けに出向き、脂がのったバチマグロを厳選する「みかみ」は価格より質を重視。手頃な寿司や「マグロの角煮」のファンも多い。

まぐろ館

マグロ丼オール980円

選りすぐりのマグロを使う「どん福」のお薦めは、2種類のマグロとサーモンの「贅沢丼」。煮つけ、メカジキの味噌汁付き。

「まぐろ尽くし握り」1598円

頭肉やホホ肉の寿司も

マグロ水産会社直営の「寿司特急まぐろ屋」。注文すると握りたての寿司が特急レーンで席まで届く。

発見！珍味「イルカのたれ」

イルカの肉を塩漬けし、水洗いして干す。年配の人には慣れ親しんだ味だが、今では扱う店も少ない。「カネイ水産」で見つけたら迷わず買いだ。

立ち食いカキは1個350円

駿河湾産のイセエビ。イキがいいよ〜

自慢のシラスは清水・横砂産

シラスは「海里」のイチオシ。活きイセエビ、アワビ、サザエは奥の水槽でスタンバイ。カキは立ち食いOK。

イートインで名物丼を

「みやもと」と言えば「あなご天丼」。天然のビッグサイズだから、外はカリッと中はふわっとした食感が出せるのだそう。

「あなご天丼」1350円

これぞ本物の天日干し

店の裏手で醤油漬けのサバ、サンマを天日干ししている「魚久」。夏は1～2時間、冬は半日で仕上げ、店頭に並ぶ。

地元民御用達！ 港町・戸田の台所

沼津市

戸田漁協直売所《へだぎょきょうちょくばいじょ》

わずか7坪程度の魚市場としてスタートした昭和25年以来、地元民に親しまれてきた。戸田港に水揚げされたばかりの鮮魚と、名物タカアシガニ、地物のサザエやイセエビも揃い、最近はミネラル豊富な水深300mの海洋深層水域で育つ「ホンエビ」の人気も上昇中。旨みと甘みが強く、刺し身で食べれば間違いなく虜になる。

メギスやメヒカリなどの深海魚は焼いたり揚げたりして食べるのが定番。毎月第3金曜の特売日が狙い目だ。

「タカアシガニ」9000円〜13000円

生の戸田産「メギス」350円（800g）

おいしい食べ方、調理法なんでも教えます

生に出合えたら即買い！

くせがなく、程よい脂がおいしいメギス。生なら刺身のほか軽く炙って食べるのもお薦め。冷凍はフライや天ぷらで。

「ホンエビ」700円。水揚げ後すぐに急速冷凍し、鮮度を逃がさない

頭で作る味噌汁は絶品！

ホンエビは皮をむき背わたを取った後、氷水にさっとしめると甘みがぐんとアップする。天ぷら、フライ、素揚げ、塩焼きも美味。

「活サザエ」1kg 1600円程度（時価）

お土産に活サザエ

海草が豊富な戸田沖で育ったサザエは甘くて味が濃い。つぼ焼きはもちろん、大きなものは刺身にしてもいい。

酒のアテに。メヒカリのから揚げ

タカアシガニと一緒に底引き網で獲れるメヒカリ。戸田では「トロボッチ」とも呼ばれる。やわらかい白身で脂がのっている。干物も人気。

「めひかり唐揚」980円。衣付きなのでそのまま揚げればOK

DATA

沼津市戸田523-9
☎0558-94-2082
営8:00〜17:00 休水曜（GW中は営業）
交JR沼津駅からバス「戸田」下車徒歩5分。伊豆縦貫道修善寺ICから35分 Pあり

漁場と港が近い。だから鮮魚を狙いたい

御前崎市

御前崎《おまえざき》 海鮮《かいせん》なぶら市場《いちば》

駿河湾の入り口にあたる御前崎は、近海の漁場に近く、鮮度が高いうちに港に戻ることができる。だから「海鮮なぶら市場」に並ぶ魚の鮮度の良さは当たり前。タチウオ、キンメダイ、アジなどその日揚がった魚や、干し加減を変えて何種類も揃うシラス干し、昔ながらの製法で作られたカツオ節など、ここならではの海の幸が揃う。

漁港市場のセリは早朝と午後2時の2回なので、鮮魚を狙うなら10時頃か14時半頃がお薦め。

隣接の食事処「食遊館」では店ごとに趣向を凝らした海鮮メニューが楽しめる。

鮮魚なら「ヤマショウ」。獲れたての地魚がずらりと並び、無料でさばいてくれる。

DATA

御前崎市港6099-7
☎0548-63-6789
営9:00〜17:00※土・日曜、祝日は8:30〜、食遊館9:00〜21:00※店舗により異なる
休火曜　交しずてつジャストライン相良営業所からバス「港入口」下車徒歩10分。東名相良牧之原ICから20分
P200台

カツオの刺身は皮付きもおいしいよ!

シラス専用船を持ち、自社で加工する「共栄水産」。釜揚げのほか、干し、ちりめんなど種類豊富

人気は「釜揚げしらす丼」

カツオの「藁焼きたたき定食」994円

ランチもおやつも「食遊館」で

食事なら一本釣りのカツオを注文が入ってから藁焼きするたたき定食や、海鮮ワンコイン丼がお薦め。

おやつにはほんのり塩味の「しらす」と御前崎産のお茶「つゆひかり」のダブルジェラート350円を

伝統の手火山式

「マリンステーション大沢」のイチオシは昔ながらの製法で作られたカツオ節。

手火山式の「本枯カツオ節」1100〜1400円くらい

「なまり節」700円

沼津市

肉汁たっぷり！ 世界も認めた金メダルソーセージ

麦豚工房《むぎぶたこうぼう》 石塚《いしづか》

オリジナルブランドの「石塚麦豚」を育てる沼津で唯一の養豚農家の直営店。販売するのは手作りのハム・ソーセージと精肉で、素材本来の旨みと良質な脂がおいしいと評判だ。

　オーナーの石塚貴久さんいわく「自社生産する豚肉だけで作るソーセージには、良い原料と環境が欠かせない」そうだ。スパイスや燻製に使うスモークチップはもちろん、カッターやスモーカーなどの設備まで、すべてを本場ドイツから取り寄せ。2013年から本格的に製造を始め、保存料や着色料を一切使わない本場の味と香りを実現した。2016年には世界的権威のハム・ソーセージコンテスト「IFFA」で金メダルを受賞している。

オーナーの
石塚貴久さん

独自の飼料がおいしさを生む

通常より麦の配合を3倍近く増やしたオリジナル飼料を使用。肥育期間を長くし、やわらかく旨みのある肉に仕上げる。

DATA

沼津市岡一色145-1
☎055-943-6456
営10:00～18:00　休月曜
交JR沼津駅からバス「三明寺入口・門池中学校入口」下車すぐ。東名沼津ICから5分　P6台

これが愛鷹山麓　麦育ちのハム・ソーセージ

「ショルダーハム」
100g454円

「ヤークトブルスト」
100g432円

「プレミアム粗挽きウインナー」
170g633円

「ビアシンケン」
100g487円

「ポークソフトサラミ」
60g226円

「チューリンガーブルートブラスト」
170g605円

「ベーコン」
150g648円

「ガーリック&バジルウインナー」
170g577円

「ペッパーしんたま」
100g389円

おいしく食べるコツ教えます。

ソーセージ類はぜひボイルで。肉の旨みと甘みが引き出され、よりおいしくなるそうだ。フライパンで焼く場合は、油を引かずに弱火でこんがり焼くのがコツ。皮が少し焦げて、切れ目から脂がしたたるくらいがベストタイミング！

15品すべてがメダル受賞

2016年は金賞8個、銀賞5個、銅賞2個と、出品したすべてが入賞した。

自社工房で手作り

ソーセージ作りは本場ドイツ製法をベースに、業界大手の厚木ハムでその技術を学んだ小野育恵さんが担当。

静岡市葵区

清水養鶏場《しみずようけいじょう》

スイーツ店御用達。黄身がおいしい「美黄卵《びおうらん》」

「おいしい卵はエサで決まる」と話す社長の清水茂さん。消化酵素やオリゴ糖などを加えた植物性原料中心のエサで、日本の気候に合った純国産鶏さくらともみじを、足久保川のほとりで飼育する。その国産鶏が生む「美黄卵」は味が濃く、その名の通り黄身が美しい。直売所では生みたて卵のほか、ふわふわしっとりのシフォンケーキ、プリンも販売。卵のおいしさが堪能できると評判だ。

DATA

静岡市葵区遠藤新田41-3
☎054-296-0064
営8:30～19:00
※卵の自動販売機は24時間
休なし
交新東名新静岡ICから5分
P8台

ぜひ卵かけごはんで食べてみてください

「シフォンケーキ」
17cmホール1080円

売り切れ必至のシフォンケーキ

ホールとミニカップ430円がある「シフォンケーキ」はファンが多いので予約がベター。

S·M·L
一律1パック
300円

24時間買える卵販売機

親鶏は希少な純国産

国内でわずか5%しか飼育されていない純国産鶏においしい卵を産ませている。

「きみまるプリン」240円
(カラメル付き250円)

きみまるプリンが新しく仲間入り

卵の濃厚な味を堪能するためカラメルなしで楽しむ人も多い。

DATA

島田市阪本4245-3
☎0547-38-5505
営9:00～17:30　休1月1日～5日　交JR島田駅からバス「谷口辻」下車徒歩10分。東名吉田ICから10分
P30台

島田市

島田で育つ「食通の静岡牛 葵」が買えるのはここだけ

ジャパン・バザール

ファーマーズ・マーケット ジャパン・バザール

目玉商品は島田市阪本の杉村牧場で育ったブランド牛「食通の静岡牛　葵」。色、サシともに和牛に近いのに価格はお手頃となれば人気も必然で、牛肉の旨みが強く、脂がしつこくないと評判だ。

店頭に並ぶ地元産野菜、自家製の惣菜も充実し、煮込みハンバーグ、餃子、焼き豚などの肉系は予約が入るほどの人気ぶりだ。

「主婦の目線で値段を付けるから、なかなか上げられない」と笑う店長の曽根よし江さん。街のスーパーにはないアットホームな雰囲気もいい。300軒以上の農家が会員登録している。

お買い得シールを見つけたら即買い

今夜はステーキで決まり!

ホルスタインの雌と黒毛和牛の雄から生まれた交雑種「食通の静岡牛　葵」。お薦めはステーキや焼肉。牛スジはおでんに。

早い者勝ちの惣菜

人気ベスト3は餃子、土日限定の煮込みハンバーグ（2個480円）、その場でカットもできる焼き豚。

「焼き豚」100g307円

「餃子」10個380円

抹茶をふった「ソフトクリーム」280円は濃厚な味わい※4～11月

レシピも好評な野菜コーナー

珍しい野菜や果物が100円台から並ぶ。レシピが貼ってあるのもうれしい。

浜松市中区

トリイソース《トリイソース》

野菜の旨みが決め手。進化を続ける伝統の味

年季の入った桶が老舗の味を作る

タマネギ、トマト、リンゴが味の基本

DATA
浜松市中区相生町20-8
☎053-461-1575
営9:00～17:00　休土・日曜
交JR浜松駅から徒歩15分。東名浜松ICから30分　P5台

大正13年の創業以来、ソースひと筋。原料の野菜は粉末でなく地元産生野菜を丸ごと使い、創業から使い続ける天竜杉の木桶でじっくり熟成。昔ながらの製法で、シンプルかつ丁寧に作られている。直売所は事務所の一角にあり、定番ソースのほか、スーパーではお目にかかれないカレーライス用、オムライス用、ハンバーグ用といったものまで全種類が揃う。

オリジナルのトートバックや遠州ソース煎餅も好評。

「オリジナルTシャツ」2200円

「オリジナルトートバック」1800円

お土産にオリジナルグッズはいかが?

目立つこと間違いなし! ロゴマークの"打出の小槌"で幸運が舞い込むかも!?

購入はソースの試飲から!

「野菜とくだもの完熟ソース」475円。ドレッシングとして野菜に掛けて。肉や魚料理とも相性よし

ウスターソースをベースに甘みととろみを加えた「トリイソース 中濃ソース」420円

トリイソースの基本形とも言える「トリイソース ウスターソース」420円

体験&お土産付きの工場見学

ソース工場と酢醸造工場を見学し、瓶詰めと打栓、ラベル貼りを体験できる。見学者は記念ソースがもらえる。※見学は予約制。詳細は問い合わせを。

アク抜きし4%の塩水に漬けた「浜名湖オリーブ・新漬けOLIVE」540円

DATA

湖西市横山字大久保3-1
☎053-578-3352
営8:30~17:30
休火曜
交東名三ヶ日ICから5分
P10台

湖西市

アグリ浜名湖 直営カフェ・オリーバ《アグリはまなこちょくえいカフェ・オリーバ》

オイルからコスメまで。浜名湖産オリーブに熱視線!

浜名湖畔に広がる1.5haのオリーブ農園「アグリ浜名湖」。温暖で日照時間の長い自然環境が栽培に適していることから6品種800本を栽培する。収穫した実や葉はオリーブオイル、オリーブ漬け、お茶や化粧品に加工し、直営カフェ「オリーバ」で販売する。

毎年待ちわびるファンが多い搾りたてエキストラバージンオイルやオリーブの新漬けは、数量限定で10月中旬から販売。売切れ次第終了となるのでお早めに。

「浜名湖オリーブオイルEXV」1890円

一番人気はやっぱりオイル

収穫後24時間以内に自社の搾油機で加工。まさに搾りたてのフレッシュな味と香りが魅力。

自然処方のコスメ

オリーブオイルと葉から作る化粧品。左から「オールマイティクリーム」1740円、「美肌ミスト」1360円、「オリーブリーフハミガキ」(100g) 1190円・(20g) 360円。

粉末を練り込んだ「シフォンケーキ」380円、後味すっきりで飲みやすい「オリーブ茶」360円

浜名湖を望むカフェ

パスタ、パニーニ、ドリンク、デザートなどイタリアの味を楽しみながらのんびり過ごしたい。

「OLIVE TRITATE」1185円

ワインのお供にTRITATE

TRITATEとはイタリア語で「みじん切り」の意味。オリーブ、タマネギ、アーモンドなどを刻みオリーブオイルで漬けたもの。

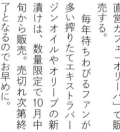

「朴葉もち」130円

島田市

打ちたて・挽きたての「そば」はいかが？

加工体験施設 やまゆり

野菜やシイタケのほか、農家のお母さんお手製の「朴葉もち」、「とうふクッキー」210円も好評。自家製粉の手打ち蕎麦は、まずはつゆをつけずに蕎麦の香りを楽しんでみよう。「そば打ち体験」（要予約）もできる。

DATA

島田市伊久美5202
☎0547-39-0193
営10:00～16:00 休木・金曜（祝日営業）※8月は木曜のみ休
交JR島田駅からバス「やまゆり」下車すぐ。新東名島田金谷ICから30分。東名相良牧之原ICから50分 P100台

「小麦まんじゅう」3個入り250円、「そば」330円

富士宮市

オープンから30年。野菜直売所の草分け

農民市場《のうみんいちば》 粟倉店《あわくらてん》

秋・冬のお薦めは富士宮の伝統野菜「ムラヤマニンジン」。ゴボウのように細長いが、味の濃さと香りの強さは格別。手摘みヨモギで作る「小麦まんじゅう」や、ヤマイモ入りの「そば」、ピザやパウンドケーキもお見逃しなく。

DATA

富士宮市粟倉1263
☎0544-23-8812
営8:00～17:00
※4～9月は17:30まで、12月31日は12:00まで
休1月1日～5日
交新東名新富士ICから20分
P40台

下田市

700軒が伊豆の味覚を直売

農産物直売所 旬の里

採れたての野菜や果物の種類は驚くほど豊富で、柑橘類は年間30種類以上。初めて出合う品種もあるかもしれない。脂がのったサンマを丸ごと一匹甘酢でしめた押し寿司や白浜の名物「サンマ寿司」、焼きたての石窯パンなども絶品。

DATA

下田市河内281-9
☎0558-27-1488
営8:30～17:00
休なし
交伊豆急行蓮台寺駅から徒歩5分。東名沼津ICから120分
P30台

「冷凍生桜えび」200g1150円、「冷凍桜えびの沖漬け」800円ほか

静岡市清水区

サクラエビ加工品のオンパレード

由比漁協直売所＆浜のかきあげや

冷凍生から釜揚げ、佃煮、ちくわ、人気上昇中の沖漬けなどサクラエビ商品がずらり。地元のシラス商品も並ぶ。ハダカイワシの加工品や蒲原・西尾商店の削り節「するめの白花削り」など地元の逸品も扱う。食堂のかき揚げも好評。

DATA

静岡市清水区由比今宿字浜1127
☎054-377-1111
営8:00～17:00※食堂10:00～15:00 休月曜、祝日の翌日※食堂は漁期中の月曜、祝日の翌日休漁中の月～木曜 交JR由比駅から徒歩15分。東名清水ICから30分 P100台

「生しらす丼富士山盛」850円

富士市

売り切れ必至の生シラスはしずおか食セレクション認定

田子の浦漁協直売所＆食堂

獲れたてシラスを朝一番で販売する生シラス直売所と、生シラスの踊り揚げ・コロッケ・佃煮などが買える漁協直売所、生&釜揚げシラス丼が食べられる食堂、3つの販売施設がある。食堂は売り切れご免なので早めに行こう。

DATA

富士市前田字新田866-6
☎0545-61-1004 営生シラス直売所7:30～売り切れまで※直売所10:00～15:00、食堂10:30～13:30 休12月29日～3月31日※生シラス直売所は日曜、祝日、1月15日～3月20日 交JR富士駅からバス「田子の浦漁協前」下車すぐ。東名富士ICから10分 P50台

人気のサラダバイキング

袋井市

買い物の後はフードコートでひと休み

とれたて食楽部《とれたてくらぶ》

遠州で栽培が盛んな高糖度トマトや袋井のクラウンメロン、磐田のエビイモ、森町の次郎柿など県西部の自慢の逸品が揃う。テラス席のあるフードコートも好評で、地元の人気お好み焼き店やピザ店、カフェが出店している。

DATA

袋井市山名町3-3
☎0538-41-1100
営9:00～19:00
休火曜
交JR袋井駅から徒歩10分。東名袋井ICから10分
P130台

活クルマエビもお買い得！

浜松市西区

見かけたら即買い！
希少なドウマンガニ

よらっせYUTO

よらっせゆうとう

浜名湖で水揚げされた魚介類が毎朝店頭に並ぶ。注目は甘く濃厚な味が魅力のドウマンガニ（5～11月）で、ウナギの白焼きや海苔、地元産野菜もお手頃価格で買える。11～3月の土・日曜には、店頭で焼きガキが味わえる。

DATA

浜松市西区雄踏町宇布見9981-1
☎053-597-2580
営9:00～18:00　休水曜（祝日営業）
交JR舞阪駅から徒歩30分。JR浜松駅からバス「山崎南」下車徒歩15分。東名浜松西ICから20分
P20台

上：「鰻足（まんぞく）弁当」1200円
下：「鰻腹（まんぷく）弁当」1800円

吉田町

日本屈指の養鰻産地で
本場の味を

静岡うなぎ漁協吉田売店

蒲焼きのほか、レンジで加熱するだけの真空パック、白焼きを蒸して酒を塗ったオリジナルの逸品「さっぱり焼き」など、豊富なラインナップが自慢。実は売れ筋ナンバー1でコスパ抜群のウナギ弁当もお見逃しなく。

DATA

榛原郡吉田町片岡186-20
☎0548-32-1026
営9:00～16:00※4～9月末は17:00まで　休木曜
交JR静岡駅からバス「吉田高校前」下車徒歩10分。東名吉田ICから5分
P10台

「生しらす丼」600円

静岡市駿河区

生を買うなら
3月下旬から翌1月中旬

清水漁協用宗支所直売所＆どんぶりハウス

水揚げしたシラスは即、競りにかけられ、生はそのまま直売所へ。これ以上ない鮮度で販売される。釜揚げは塩分少なめが人気の秘密。いずれも直営の食堂「どんぶりハウス」で味わえるが、昼のみの営業なのでお早めに。

DATA

静岡市駿河区用宗2-18-1
☎054-256-6077
営9:00～16:45（土・日曜、祝日は15:00まで）※食堂11:00～14:00
休なし※食堂は雨天時、1月15日～3月20日の木曜　交JR用宗駅から徒歩15分。東名静岡ICから15分
P10台

上から「オリーブ油漬ファンシー」248円、「フレーク」227円、「綿実油漬ファンシー」162円

静岡市清水区

直売所と通販でしか買えない高級ツナ缶

由比缶詰所直売所

ちょっと贅沢なツナ缶「ホワイトシップ印」。夏に日本近海を回遊する、程よい脂のりが特徴の夏ビン長マグロを上質なオイルに漬け半年熟成させたもの。綿実油とピュアオリーブ油の2種類のラインナップがあり、食べれば人気も納得。

DATA

静岡市清水区由比429-1
☎0120-272-548
営8:00～17:00
休土・日曜、祝日
交JR由比駅から徒歩30分。JR由比駅から車で5分
P3台

上：「上ロース焼肉用」300g2250円
下：「上バラ焼肉用」300g1680円

浜松市北区

牧場直送。牛本来の赤身の旨みを楽しもう

峯野牛直売店《みねのぎゅうちょくばいてん》

引佐の豊かな自然と厳選した飼料、山の清涼な湧水で育つ「峯野牛」は、程よい霜降りと旨みの強い赤身が魅力。2016年に予約販売制の直売店を開き、焼き肉やステーキが家庭で気軽に楽しめるようになった。予約は電話、FAXで。

DATA

浜松市北区根洗町130-5
☎053-523-7770
営10:00～15:00
休水・日曜
交JR浜松駅からバス「西部特別支援学校」下車すぐ。東名浜松西ICから40分
P4台

各部位を200～300g単位の真空パックで販売

富士宮市

野菜も並ぶマルシェ感覚の牛肉販売会

富士山岡村牧場《ふじさんおかむらぼくじょう》

乳牛と和牛を掛け合わせ、抜群の甘みと旨みを持ち合わせた「富士山岡村牛」。販売会にはロースやモモをはじめネックやスネ、内臓など全部位が揃い、ベーコンやビーフジャーキーも人気。料理人が作る試食用料理も楽しみ。

DATA

富士宮市人穴137-318
☎0544-52-3668
営毎月第1土・日曜の10:00～15:00
交JR富士・富士宮駅からバス「畜産試験場北入口」下車徒歩15分。東名富士ICから45分
P70台

ドライブ途中のお楽しみ

道の駅の産直市&食堂グルメ

伊東マリンタウン

伊東市

ダイダイぽん酢&マーマレードが人気

「伊豆鹿丼」

DATA

伊東市湯川571-19
☎0557-38-3811
営売店9:00～18:00、レストラン11:00～20:30LO※季節、店舗により異なる
休なし
交東名沼津ICから60分 P298台

JA直売所の「いで湯っこ市場」の野菜やダイダイの加工品から、干物や海鮮珍味などの特産品まで揃う。「伊豆鹿丼」1180円が好評なフードコート「海辺の食卓」、温泉も併設している。

伊豆ゲートウェイ函南

函南町
2017年5月1日OPEN!

DATA

田方郡函南町塚本887-1 ☎080-6984-2654(準備室)
営9:00～18:00
※24時間営業コンビニあり 休なし
交新東名長泉·沼津IC、東名沼津ICから17分
P113台

旬野菜のレストラン「KISETSU」や、魚介と野菜の寿司が味わえる「伊豆創作寿司いず鮨」も併設。場内で、フジオ局の公開生放送が定期的に行われる。

下賀茂温泉湯の花

南伊豆町

地元農家約600人の新鮮野菜がずらり

DATA

賀茂郡南伊豆町下賀茂157-1
☎0558-62-3191
営9:00～16:00
休なし
交東名沼津ICから130分
P51台

温暖な気候のため、野菜の旬が早く、他所より先に「走り」の物が手に入る。地元産自然薯を使った豆腐やサンマの燻製もお薦め。喫茶コーナーの一番人気は「メロンソフト」300円。

開国下田みなと

下田市

下田沖キンメダイを干物で、バーガーで

DATA

下田市外ケ岡1-1
☎0558-25-3500
営9:00～17:00
※店舗により異なる
休なし
※テナントは不定休
交東名沼津ICから120分
P207台

キンメダイの水揚げ日本一を誇る下田魚市場に隣接し、干物や「下田バーガー」1000円など関連商品が豊富。食堂ではキンメの煮付けが人気。漁協&農協の直売所も併設している。

伊豆市

新緑や紅葉の
美しい庭園散策もお薦め

天城越え

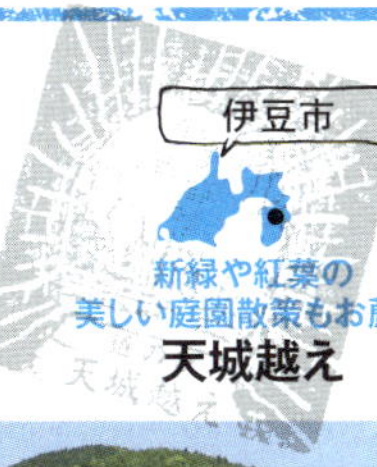

DATA
伊豆市湯ケ島892-6
☎0558-85-1110
営8:30～16:30
休第3水曜
交新東名長泉沼津IC、
東名沼津ICから60分
P200台

「天城産ワサビ」の収穫やワサビ漬け作り体験（要予約）ができる。すりおろし生ワサビをトッピングした「わさびソフト」300円もぜひ。イノシシ&ワサビのコロッケもお見逃しなく。

松崎町

温泉と
大きな花時計が目印

花の三聖苑 伊豆松崎

「桜葉クッキー」540円～

DATA
賀茂郡松崎町大沢
20-1
☎0558-42-3420
営9:00～17:00
※繁忙期は20:00まで
休なし※食事処は木曜
交東名沼津ICから
100分
P84台

注目は「桜葉アイス」310円や「桜葉クッキー」など、生産量日本一を誇る桜葉の商品。食堂ではほんのり桜葉が香るそば「桜もり」750円、「黒米うどん」870円など珍しい一品も。

沼津市

稀少なミカン「へだたちばな」の
加工品に注目

くるら戸田

「戸田塩じぇらーと」
（桜・塩）300円

DATA
沼津市戸田1294-3
☎0558-94-5151
営10:00～18:00
※温泉は21:00まで
休なし
交東名沼津ICから70分
P42台

西伊豆地域の朝採れ野菜や戸田に揚がる深海魚などが並ぶ。すっきりした甘さが魅力の戸田特産のミカン「へだたちばな」や伝統製法の戸田塩などもお土産にぴったりだ。

伊豆の国市

広くなって新装オープン
ハワイアンバイキングも

伊豆のへそ

バウムクーヘン
「天城輪道」350円～

DATA
伊豆の国市田京195-2
☎0558-76-1630
営9:00～18:00
※土・日曜、祝日は
19:00まで
休なし
交東名沼津ICから25分
P68台

地場産の卵をたっぷり使ったバウムクーヘンや「伊豆の国ブランド」のジャムなどオリジナル商品が充実。隣接するレストラン「みんなでハワイアンズ」のバイキング料理もお薦め。

小山町

富士山を見ながら
足湯でほっこり

すばしり

DATA

駿東郡小山町須走338-44
☎0550-75-6363
営9:00～20:00
※11月下旬～3月上旬は18:00まで
休なし
交東名御殿場ICから20分　P111台

静岡・山梨両県の銘菓や富士山に因んだ商品が多い。名物は御殿場こしひかりを練り込んだ極太でもちもちした麺の「富士山ごうりきうどん（かけ）」520円で、「ごうりきおむすび」も好評。

小山町

富士の伏流水
「金太郎の水」が汲み放題

ふじおやま

DATA

駿東郡小山町用沢72-2
☎0550-76-5258
営7:00～20:00
※レストラン8:00～19:00LO
休なし
交東名御殿場ICから15分
P63台

清流で育つ水かけ菜や御殿場こしひかりはファンが多い特産だ。名物「金太郎のパワー焼肉丼」900円はニンニク、とろろ、生卵入りでスタミナ満点。自家製パンはお土産に。

富士市

売店、レストランは上り線。
軽食は下り線で

富士

DATA

富士市五貫島669-1
☎0545-63-2001
営9:00～18:00
休1月1日
交東名新富士ICから25分。新東名富士ICから20分
P44台（上り）、21台（下り）

製紙の街ならではの「おもしろトイレットペーパーシリーズ」120円が大人気。「金運がよくなる方法」、「東海道五十三次」などユニークな絵柄が揃う。雑貨など富士山グッズも豊富。

富士宮市

野菜はもちろん
牧場の恵みもいろいろ

朝霧高原

DATA

富士宮市根原字宝山492-14
☎0544-52-2230
営8:00～18:30
※冬季は18:00まで
休なし
交東名富士ICから45分
P200台

濃厚な「牛乳ソフトクリーム」400円や朝霧ヨーグル豚のハム・ソーセージ、チーズ、バターなど牧場グルメが充実している。ハンバーグやコロッケが人気のレストラン情報はP78参照。

静岡市駿河区

峠の名物は
タケノコ、ミカン、自然薯

宇津ノ谷峠

「牛ステーキ丼」
980円

DATA
静岡市駿河区宇津ノ谷82-2
☎054-256-2545
営7:00〜19:00
休なし
交東名焼津IC、新東名藤枝岡部ICから15分
P16台

丸子と言えば「とろろ」。自然薯は売店の人気商品で、「とろろ定食」880円も味わえる。本場のとろろは味が濃く、ごはんのお替わり自由。手頃な価格で手に入るお茶も好評。

富士市

ミカン、キウイは
「ふじのくに楽座市場」へ

富士川楽座

「赤富士ローストビーフ丼」

DATA
富士市岩淵1488-1
☎0545-81-5555
営8:00〜21:00
※施設により異なる
休なし※有料体験施設は火曜
交東名上り富士川SA隣り
P471台

サクラエビから緑茶まで幅広く地元特産品が揃う「まる得市場」のイチオシは富士川のカッパ伝説から生まれた「かっぱまんじゅう」。食堂の「赤富士ローストビーフ丼」980円もお薦め。

島田市

原木シイタケは売り切れ必至
茶そばも人気

川根温泉

数量限定
「幻の塩ラーメン」660円

DATA
島田市川根町笹間渡220
☎0547-53-4330
営売店9:00〜17:00
休第1火曜（変動あり）
交大井川鐵道川根温泉笹間渡駅から徒歩5分。新東名島田金谷ICから25分
P250台

温泉隣りの直売所には川根茶はもちろん原木シイタケや山菜、タケノコ、自然薯など四季折々の旬の味が並ぶ。川根温泉を煮詰めて作った「温泉の塩」や「温泉の素」も好評。

藤枝市

玉露から野菜まで。
岡部自慢の美味を堪能

玉露の里

DATA
藤枝市新舟1214-3
☎054-668-0019
営売店9:00〜17:00
※冬季は16:00まで、レストラン11:00〜14:30
休12月28日〜1月2日
交新東名藤枝岡部ICから10分　P90台

物産館の人気商品は玉露茶を筆頭に春の山菜、タケノコ、秋のシイタケ、ミカン、黒豆など。茶室で味わう本格玉露や、豚汁にとろろをかけた「岡部汁」980円（冬季限定）もお試しあれ。

川根本町

出合えたら
即買いしたい山の幸

奥大井音戯の郷《おとぎのさと》

DATA
榛原郡川根本町千頭1272-2
☎0547-58-2021
営10:00〜16:30、売店は15:00まで
休火曜※祝日営業、翌日休み　交大井川鐵道千頭駅からすぐ。新東名島田金谷ICから60分　P85台

売店「缷の会」（こだまのかい）の名物はワラビ、タケノコなどの山菜と、原木シイタケ。川根茶や手作りの味噌や梅干しも人気で、意外なところでは「木の葉皿」や「布草履」も。

川根本町

まずは茶室で川根茶体験

フォーレなかかわね茶茗館《ちゃめいかん》

DATA
榛原郡川根本町水川71-1
☎0547-56-2120
営9:30〜16:30
休水曜
交大井川鐵道駿河徳山駅から徒歩10分。新東名島田金谷ICから60分　P36台

隣接する「みどりのたまてばこ」で川根煎茶（左上）や地元産野菜、手作り民芸品などを販売。クッキーやマカロンなどのお茶スイーツも魅力。茶室で味わえる「お茶セット」は300円。

掛川市

農産物目当てに
開店前から行列

掛川

「おはたき餅」
9個入り
360円

DATA
掛川市八坂882-1
☎0537-27-2600
営9:00〜17:00 ※レストラン8:00〜20:00　休第2月曜
交東名掛川ICから15分。国道1号日坂バイパス八坂ICから3分　P307台

人気ベスト3はクラウンメロン、うるち米を使ったおはたき餅、地元パン店のアップルパイ。併設するおふくろの味的食堂では掛川牛の「焼肉丼」や野菜たっぷりの「カレー」が味わえる。

御前崎市

豊富な日照量が育てる
甘〜いメロン&トマト

風のマルシェ御前崎

「紅ほっぺアイス」200円

DATA
御前崎市合戸字海岸4384-1
☎0537-85-1177
営9:00〜18:00
休なし
交東名相良牧之原IC、菊川ICから30分
P112台

地元の野菜・果物の中でも特に注目したいのがアローマメロンとイチゴ、トマト。遠州黒豚や遠州夢咲牛などの精肉・ソーセージコーナーもある。併設の食堂情報はP82参照。

浜松市天竜区

春に咲く500本の花桃と
山里の味覚が自慢

天竜相津《てんりゅうそうづ》 花桃の里

DATA
浜松市天竜区大川31-10
☎053-923-2339
営9:00～17:00
休火曜※祝日営業、3·4·8·11月は無休
交新東名浜松浜北ICから25分
P47台

地元のお母さんが真心込めて作るグルメが人気。素朴な味わいの「小麦まんじゅう」125円は特にファンが多く、「はなももソフトクリーム」300円、「花桃カレー」650円も見逃せない。

浜松市天竜区

田舎の風情漂う里で
シイタケ三昧

いっぷく処横川

DATA
浜松市天竜区横川3085
☎053-924-0129
営9:00～16:30
※7·8月は17:30まで 休火曜
交新東名浜松浜北ICから25分
P40台

フキノトウ、フキ、ワラビなどの山菜や、手作り加工品が好評。特に原木シイタケや「しいたけコロッケ」150円、原木シイタケの粉末入りソフトクリーム350円はファンが多いとか。

湖西市

遠州灘の幸を気軽に丼で。
太平洋を望む絶景足湯も

潮見坂《しおみざか》

「潮見坂定食」

DATA
湖西市白須賀1896-2
☎053-573-1155
営8:00～19:00
※食堂8:30～18:00（17:30LO）
休なし
交東名三ヶ日ICから35分
P150台

食堂の看板メニューは「しらす丼」830円とウナギまぶし丼がメインの「潮見坂定食」1300円。朝採れ野菜が並ぶ直売所にはエコファーマーのコーナーもある。

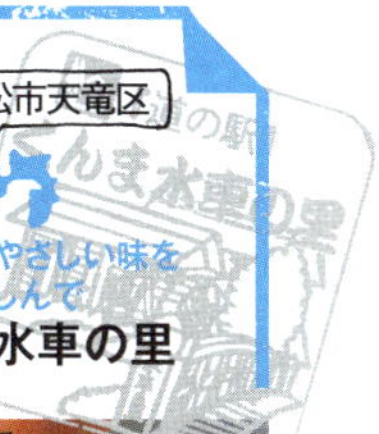

浜松市天竜区

手作りのやさしい味を
楽しんで

くんま水車の里

DATA
浜松市天竜区熊1976-1
☎053-929-0636
営9:00～16:30
※10～3月は16:00まで、食事処10:00～15:30LO 休木曜
※祝日営業、翌日休み
交新東名浜松浜北ICから40分 P50台

金山寺味噌や梅干し、紅ショウガなどお母さんたちの手作り食品が揃う。食堂で味わえる手打ちの「天ぷらそば」890円は絶品。五平餅やこんにゃくなどの手作り体験工房もある。

エリア別 index

マルシェ、朝市、伝統市、産直市、直売所に出かけよう!

しずおか とっておきの マルシェ&市めぐり

企画・編集　静岡新聞社 出版部

スタッフ
海野しほこ　大石真弓　太田正江　梶歩　権田記代子
佐藤暁乃　鈴木香名　鈴木和登子　瀧戸啓美　忠内理絵
永井麻矢　深澤二郎　御宿千香子　水口彩子　溝口裕加

デザイン・制作
komada design office
塚田雄太
エスツーワークス

本書の取材・制作にあたりアンケートと画像提供にご協力いただいた市町観光協会および観光課、商工会、イベント主催者など関係各位に厚く御礼申し上げます。

ぐるぐる文庫Special
しずおか とっておきのマルシェ&市めぐり
2017年2月15日　初版発行

著　者　静岡新聞社
発行者　大石　剛
発行所　静岡新聞社
〒422-8033　静岡市駿河区登呂3-1-1
TEL 054-284-1666

印刷・製本　大日本印刷株式会社

ISBN978-4-7838-1987-5 C0036

＊定価は裏表紙に表示してあります。

＊落丁・乱丁本はお取り替えいたします。